Heinz Höller
Schnauzer und Pinscher

Heinz Höller

Schnauzer und Pinscher

21 Farbfotos
62 Schwarzweiß-Fotos
6 Zeichnungen

E.U.
VERLAG
EUGEN
ULMER

Foto auf Seite 2: Mittelschnauzer-Rüde pfeffersalz „Quecksilber del Prillo“, 20.3.1978.

CIP-Kurztitelaufnahme der Deutschen Bibliothek

Höller, Heinz:
Schnauzer und Pinscher: Heinz Höller. –
Stuttgart: Ulmer, 1986.
ISBN 3-8001-7156-2

Umschlagentwurf: Alfred Krugmann, Freiberg/Neckar, mit einem Foto von Hans Reinhard
Satz: Setzerei Lihs, Ludwigsburg
Druck: Offsetdruckerei Karl Grammlich, Pliezhausen
Bindung: E. Riethmüller & Co., Stuttgart

Vorwort

Pinscher und Schnauzer erfreuen sich seit fast einem Jahrhundert sowohl in Deutschland wie im Ausland eines treuen und stetig wachsenden Kreises von Liebhabern.

Das breite Spektrum schöner und leistungsstarker Hunde verschiedener Größenkategorien erleichtert es dabei jedem Freund dieser Rassen, „seinen" Pinscher oder Schnauzer – sei es als Begleit- oder Gebrauchshund – den eigenen Bedürfnissen entsprechend auswählen und artgerecht halten zu können.

Den Pinschern und Schnauzern ist es bislang noch erspart geblieben, zum Kreis der Modehunde zu zählen. Gleichwohl freue ich mich über jede Veröffentlichung, die geeignet ist, die Liebhaber, Aussteller und Züchter dieser Rassen durch eine fundierte Darstellung ihrer typischen Merkmale, ihrer Haltung, Aufzucht und Ausstellung – einschließlich aller Hilfen, die ein gut geführter Rassezuchtverein bieten kann – so zu unterstützen, daß Fehlentwicklungen gar nicht erst zu befürchten sind.

Ich begrüße es darum sehr, daß ein so verdienter Kynologe wie Heinz Höller, der als Züchter, Richter und Vorsitzender des standardverantwortlichen Vereins die Rassen der Pinscher und Schnauzer nachhaltig gefördert hat, nun die kynologische Fachliteratur mit einem eigenen Werk bereichert. Vor allem aber hoffe ich, daß es Heinz Höller mit seinem Buch gelingt, die Pinscher- und Schnauzerfreunde vor Fehlern zu bewahren und zur weiteren Verbesserung der Rassen beizutragen.

Dortmund, im Dezember 1985
Dr. Wilfried Peper
1. Präsident des VDH

Inhaltsverzeichnis

Die Schnauzer- und Pinschersippe

Ihre Herkunft und ihre besonderen Eigenschaften

Hunde sind die ältesten Begleiter des Menschen überhaupt. Lange vor der Domestikation zum Beispiel von Pferden und Rindern lebte der Hund bereits mit den Menschen zusammen.

Alle Hunde, die wir heute in den vielfältigsten Erscheinungsformen kennen, stammen von dem gemeinsamen Ahnherrn Wolf ab. Im Laufe der Zeit änderten sich die äußeren Merkmale, bedingt durch Auslese und Anpassung. Noch um die Jahrhundertwende war das Erscheinungsbild der Hunde außerordentlich vielfältig, da Kreuzungen zwischen völlig verschiedenen Hunden durchaus üblich waren. Daneben hatten sich aber auch im Laufe der Zeit Rassen gebildet, das heißt, der Mensch hat lenkend in die Zucht eingegriffen. Man denke an die Jagdhunde, Hütehunde, Wachhunde usw. Aus Liebhaberei im heutigen Sinne wurden Hunde jedoch früher nur bei den Begüterten gehalten.

Das um 1900 sich darbietende Sammelsurium von Rassen war für unsere Vorväter geradezu eine Herausforderung, Ordnung zu schaffen. Liebhaber der einzelnen Rassen – soweit man damals überhaupt schon von „Rassen" sprechen konnte – taten sich in der Mitte des vorigen Jahrhunderts zusammen, bildeten Vereine und versuchten, aus dem, was vorhanden war, etwas Besseres zu machen. Auch für Schnauzer und Pinscher fanden sich Liebhaber. Die Hunde waren damals durch-

Rauhhaarpinscher „Souris", gezeichnet vom Tiermaler Jean Bungartz, 1888.

Deutscher Zwergpinscher „Betty" und deutscher Pinscher „Uli", gezeichnet vom Tiermaler Jean Bungartz, 1888.

weg 40–50 cm groß (Schulterhöhe), vielfältig in den Farben (grau, schwarz mit weißen, braunen, gelben und rötlichen Abzeichen), rauhhaarig und glatthaarig. Dazu gab es auf dem Lande große, wuchtige Hunde, die später an der Entstehung der Riesenschnauzer beteiligt waren, und besonders in den Städten schon ausgesprochene Zwerge.

Als die wertvollsten Hunde in jener Zeit galten diejenigen, welche schon nachweisbar über viele Generationen auf äußere und innere Merkmale gezüchtet waren.

Diese Hunde wurden vom 1895 gegründeten Pinscher Klub betreut und damals als „rauhhaarige Pinscher" und „glatthaarige Schnauzer" bezeichnet, womit Pinscher und bei den rauhhaarigen Pinschern die Schnauzer gemeint waren. Damals wurden sie noch miteinander gekreuzt, erst später entwickelten sich die heutigen Reinzuchten. Wegen der gemeinsamen Basis sprechen wir jedoch noch heute von einer „Pinscher-Schnauzer-Familie".

Der Charakter, das „Wesen", hat bei Hunden einen hohen Stellenwert. Pinscher und Schnauzer zeichnen sich aus durch unverbrüchliche Treue zum Herrn und zur Familie, sie sind wachsam, haben ein natürliches Mißtrauen gegen Fremde und eine Abneigung gegen Ratten und ähnliches Getier. Sie sind von Haus aus robust, anpassungsfähig und genügsam.

Die Charaktereigenschaften gleichen sich bei Pinschern und Schnauzern viel mehr, als man bei dem vielfältigen äuße-

Pinscher-Schnauzersippe 1924, gezeichnet von Richard Strebel.

Die Pinscher-Schnauzerfamilie 1980, gezeichnet von Marlies Esser.

ren Erscheinungsbild vermuten könnte. Ganz allgemein sind Zwergpinscher, Zwergschnauzer und Affenpinscher lebhafter als Mittelschnauzer, Deutsche Pinscher oder Riesenschnauzer.

Während die kleinen Rassen durchweg im Haus und in der Wohnung gehalten werden und ihre Aufgabe als Wach- und Begleithund haben, werden die großen Rassen für vielfältige Aufgaben eingesetzt, sei es nun als Zollhund, bei der Polizei als Suchhund oder als Blindenführhund, wofür diese Hunde natürlich entsprechend ausgebildet werden.

Als sich Pinscher- und Schnauzerfreunde im Jahr 1895 zusammentaten, war die wichtigste Aufgabe die Aufstellung eines Zuchtprogrammes. Die gewünschten Eigenschaften mußten festgelegt werden, wobei die Wünsche jedoch auf den vorhandenen Hundebestand Rücksicht zu nehmen hatten. Aus der Fixierung der vorhandenen Eigenschaften und Merkmale ergibt sich der „Standard" oder auch die „Rassekennzeichen", und auch die Wünsche zur Verbesserung der Fehler werden im Standard festgelegt.

Bei der Klubgründung legten einige wenige Männer mit einem sicheren Blick für das Mögliche den Standard fest. Entsprechend internationaler Abmachung erfolgt die Aufstellung eines Standards durch denjenigen Rassehundzuchtverein, dessen Land als Ursprungsland für die jeweilige Rasse gilt; für Schnauzer und Pinscher ist das Deutschland. So gilt also auch in allen Ländern der vom deutschen Pinscher Schnauzer Klub festgelegte Standard.

Die Entwicklung der einzelnen Varietäten

Mittelschnauzer

Josef Berta, der Gründer des Pinscher Schnauzer Klubs, schrieb zu Anfang dieses Jahrhunderts: „Der Schnauzer will in seinem Wesensinnern ergründet sein, wer ihn aber verstanden hat, bleibt ihm treu!" Der Schnauzer wurde von ihm als derb, schlicht, kräftig, bei sehniger Beweglichkeit und blitziger Wendigkeit mit einem wetterfesten Haarkleid geschildert. Neben diesem Äußeren standen damals wie heute seine inneren Merkmale im Vordergrund: zur Familie gehörend, Wächter von Haus und Hof, geschworener Feind von Ratten und Mäusen, Selbständigkeit des Handelns, Liebe zu Kindern, Hingezogenheit zu Pferden, bei allem Temperament kein unnötiger Lärmmacher und Genügsamkeit.

Der Mittelschnauzer war von der Klubgründung an der Repräsentant der gesamten Sippe. Die ersten vom Klub erfaßten Hunde waren um 1880 geworfen, aber erst um 1900 stieg die Zahl der jährlichen Eintragungen von etwa 100 auf 500 bis zum Beginn des Ersten Weltkrieges. Die Haarfarben waren in dieser Zeit vielfältig, neben den pfeffersalz-farbenen mit den Schattierungen von hell- bis dunkelpfeffersalz gab es schwarze, gelbgraue, braungraue, schwarze mit hellen Abzeichen, lohfarbige, gelbe, gelbrote, rote mit Pfeffersalz und rotbraune Hunde. Mit ca. 90 % waren die pfeffersalz-farbigen in der Überzahl.

Kopfstudien des Mittelschnauzers, 1907, gezeichnet von Richard Strebel.

Mittelschnauzer pfeffersalz.

In der Zeit bis zum Ersten Weltkrieg festigte sich der Typ. Zwar war die Größe des Schnauzers noch mit 30–45 cm angegeben, Zuchtziel war jedoch der obere Wert. Die Schnauzer wurden damals nicht für Ausstellungen zurechtgemacht wie heute. Wenn man sich die Bilder aus diesen Jahren betrachtet, kann man nicht sagen, daß der Schnauzerausdruck sich dadurch wesentlich verändert hätte. Die Kopflänge war damals mit ⅓ der Rückenlänge angegeben. 1956 wurde der Standard des Kopfes geändert, so daß das Verhältnis Kopf (von der Nasenspitze bis zum Hinterhauptbein) zum Rücken (Widerrist bis Rutenansatz) jetzt 1:2 betragen soll. Damit wurden die von den Züchtern bereits vor Jahrzehnten angestrebten und vielfach auch schon vorhandenen Proportionen gewissermaßen legalisiert.

Der 1895 von Josef Berta gegründete Pinscherklub betreute die rauh- und glatthaarigen Pinscher und trat dem 1906 gegründeten „Kartell für das Deutsche Hundewesen" bei. Die Nachfolgeorganisation des Kartells für das Deutsche Hundewesen ist der heutige „Verband für das Deutsche Hundewesen" (VDH), der seinen Sitz in Dortmund hat.

Der 1907 in München von dem Rheinländer Dr. Zurhellen gegründete Schnauzerklub, ganz auf Mittelschnauzer konzentriert, konnte nicht in das Kartell aufgenommen werden, weil einer der wichtigsten Grundsätze des Kartells lautete: „Für eine bereits durch einen Verein vertretene Rasse darf kein weiterer Zuchtverein zugelassen werden." Diesem Umstand war es letztlich zu verdanken, daß 1918 die beiden Klubs zunächst einen Pinscher-Schnauzer-Verband und 1921 dann den heutigen Pinscher Schnauzer Klub (PSK) gründeten. Josef Berta und Dr. Zurhellen wurden bereits im Jahr 1921 zu Ehrenvorsitzenden des neuen PSK ernannt.

Mittelschnauzer schwarz.

Diese Konzentration auf die gemeinsame Aufgabe ist sicherlich eine der Ursachen für den Aufstieg des pfeffersalzfarbenen Mittelschnauzers, der dann bis zu Beginn des Zweiten Weltkrieges mit durchschnittlich 1000 Welpen je Jahr der beliebteste Hund im PSK war und auch heute noch ist und, allerdings gemeinsam mit seinem schwarzen Bruder, etwa 30% unserer Rassen ausmacht.

Wenn man anhand der Übersicht (Seite 15) den Zweiten Weltkrieg und die unmittelbare Nachkriegszeit ausklammert, dann hat sich die Zucht der pfeffersalzfarbenen Mittelschnauzer in dem Maße verringert, wie die schwarze Variation an Beliebtheit gewann. Zur Zeit kommen auf einen schwarzen Mittelschlagwelpen noch zwei pfeffersalz-farbene. Erst 1930 wurden die schwarzen besonders ins Zuchtbuch eingetragen und beide Varianten nach Farben getrennt gezüchtet. Ab 1970 haben wir, wie das später bei den Riesenschnauzern noch deutlicher wird, einen Anstieg in der Zucht zu verzeichnen. Der Mittelschnauzer gilt als der Standardschnauzer schlechthin. Seine Proportionen, sein unverwechselbares

Richard Strebel hat um die Jahrhundertwende viele Hunde aus damals bekannten Zwingern mit dem Zeichenstift festgehalten. Rechts: Die Entwicklung der Pinscher-Schnauzer-Sippe.

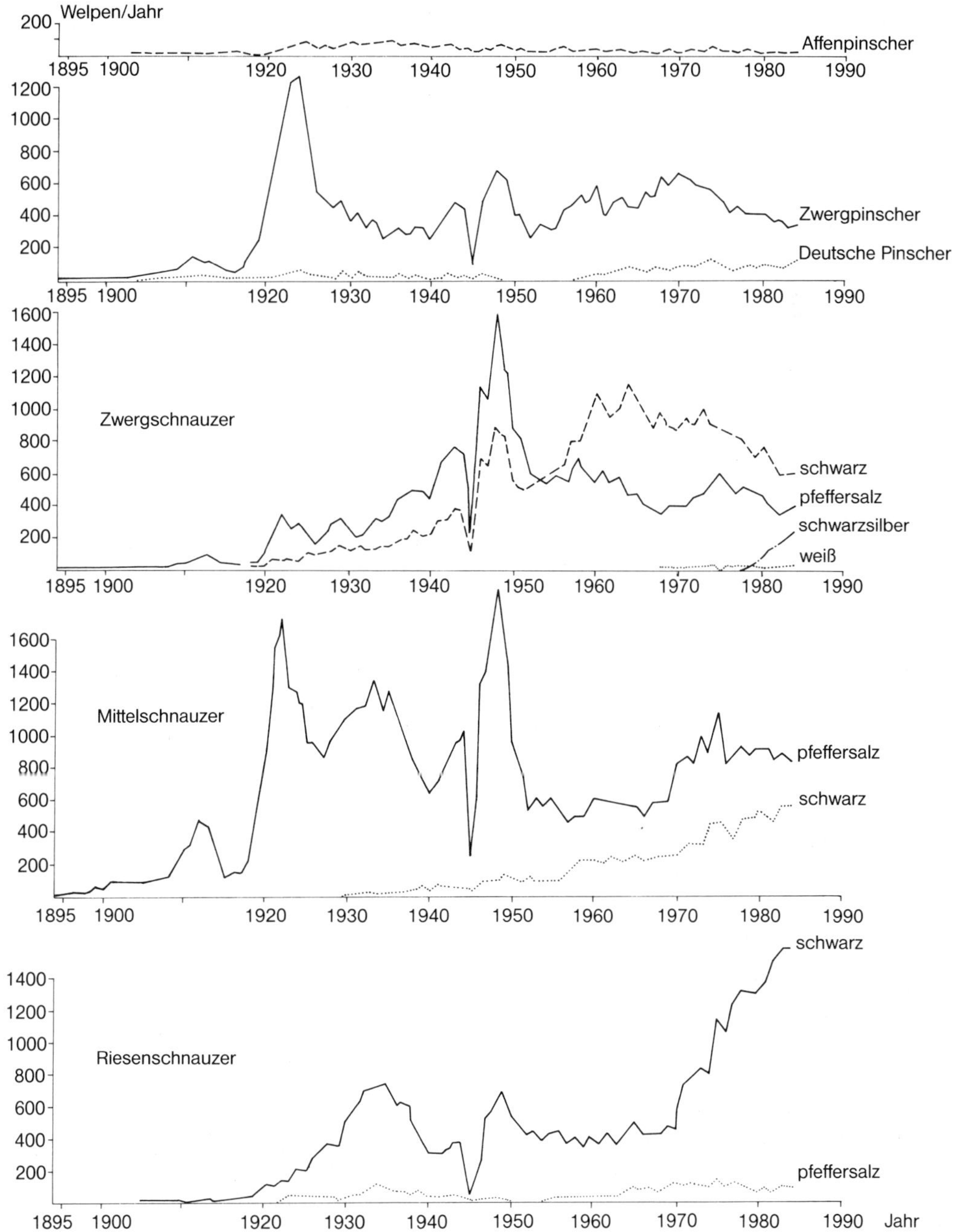

Welpen/Jahr
Affenpinscher
Zwergpinscher
Deutsche Pinscher
Zwergschnauzer
schwarz
pfeffersalz
schwarzsilber
weiß
Mittelschnauzer
pfeffersalz
schwarz
Riesenschnauzer
schwarz
pfeffersalz
1895 1900 1920 1930 1940 1950 1960 1970 1980 1990 Jahr

Schnauzerwesen waren für Riesen- und Zwergschnauzer das nachzueifernde Vorbild.

Riesenschnauzer

Wie bei fast allen heutigen Hunderassen kann auch sein wirklicher Ursprung, ja nicht einmal seine Entwicklung bis zur Klubgründung 1895 schlüssig nachgewiesen werden. Obwohl damals wie heute nicht immer die letzte Wahrheit aus den Zuchtbüchern zu lesen ist, bieten die Zuchtbücher des PSK die sicherste Unterlage über seine Entwicklung. Ergänzt werden diese Kenntnisse durch die Berichte der Züchter und Liebhaber, die sich dieser Rasse, oder besser, dieser Varietät des Schnauzers, besonders angenommen haben.

Dies waren neben den Vorstandsmitgliedern der ersten Jahre der bekannte Freund und Maler unserer Rassen Richard Strebel, Tschudy (Basel), Dr. Kuhn (Berlin) und Dr. Erich Harms (Malchin/Mecklenburg). Die meisten Informationen habe ich aus einer von Dr. Harms zuerst 1935 herausgegebenen Schrift und dann aus einem Manuskript aus dem Jahre 1949, ebenfalls von Dr. Harms.

Harms lag sicherlich richtig mit seiner Ansicht, wenn er schreibt: „Die allmähliche Entwicklung irgendeiner Hunderasse kann man sich allgemein kurz ungefähr folgendermaßen vorstellen: Sagen wir mal, um das Jahr 1880 herum waren in einer bestimmten Gegend eines Landes die verschiedenartigsten Hunde aus früheren Zeiten vorhanden. Der größte Teil davon war als Haushund schon bodenständig geworden und hatte sich daher durch gleiche Lebensbedingungen zu einem bestimmten Entwicklungstyp geformt. In dieser Gegend wohnten zufällig Menschen, die sich besonders für Hunde interessierten. Diese begannen sich nach ihrem Bedürfnis und Geschmack aus der Zahl der durch natürliche Auslese schon etwas gefestigten Stämme eine Art gesondert herauszuwählen und diese durch planmäßige Weiterzucht zu einem typischen Schlag zu formen.

Da die Menschen dieser Gegend schon durch ihre Eigenart mit den übrigen Menschen dieses Landes übereinstimmten, fand diese Art von Hunden auch in den anderen Teilen des Landes Anklang und es entstand ein bestimmter Landesschlag, kurz Landschlag. Derartige Landschläge wurden nun allmählich von den verschiedenen Ländern des betreffenden Staates teils übernommen, teils auch selbst je nach Futter- und Klimabedingungen noch weiter entwickelt. Sie waren aber für den sich ständig ändernden Schönheitssinn des Menschen vielfach noch zu grob im Äußeren oder genügten für den sich mehr und mehr spezialisierenden Gebrauch im Wesen nicht ganz. Daher begann man weiterhin zunächst auf einzelne Teile des Körpers besonders zu achten oder eine besondere Wesensart durch geeignete Übungen besonders zu festigen, um die Erbmasse nach diesen Wünschen zu än-

Schnauzer und Pinscher auf einem Bild.
Von links nach rechts:
Affenpinscher (Schulterhöhe 25–30 cm)
Deutscher Pinscher rot (43–48 cm)
Mittelschnauzer pfeffersalz (45–50 cm)
Riesenschnauzer schwarz (60–70 cm).

dern. Hierbei wurden bei allen Rassen auch vereinzelt Hunde anderer Rassen benutzt, welche diese gewünschten Eigenschaften in besonderer Vollendung aufwiesen. Immerhin wollte man durch diese Einkreuzungen den durch jahrzehntelange Züchtung und somit Festigung einer Rasse gewonnenen Typ nur in Einzelheiten verbessern. Der Typ an sich blieb also erhalten, wenn es auch bei der Weiterzucht neben Verbesserung der Rasse anfangs noch zu vereinzelten sichtbaren Rückschlägen auf das fremde Blut kam. Ähnliches wird auch in der Weiterzucht mit dem Landschlag der Riesenschnauzer erfolgt sein."

1850 findet man auf einem Jugendbildnis der bayerischen Prinzessin Elisabeth, der späteren Kaiserin von Österreich, zu ihren Füßen liegend, einen rauhhaarigen, schwarzrötlichen Riesenschnauzer mit schönem Kopf. Solche Riesenschnauzer wurden hauptsächlich in Oberbayern und in der Schweiz als alter beliebter Landschlag gehalten. Er war in jahrhundertelanger Zucht auf Bauernhöfen gewachsen, ein mehr langgestreckter, harmonisch gebauter, etwa 55 cm hoher rauhhaariger, bärtiger Hund von dunkelgetönter Farbe. Die viehzuchttreibende Bevölkerung schätzte ihn sehr, weil er ein unbestechlicher, ruhiger, aber scharfer Wächter von Haus und Hof war, jedem Fremden mit starkem Mißtrauen entgegentrat und Ratten und ähnlichen Schädlingen den Garaus machte.

Als dann 1888 die ersten Spezialklubs in Deutschland gegründet wurden, war er in Städten kaum bekannt. Die Verbreitung erfolgte Anfang des 20. Jahrhunderts sehr langsam von Bayern aus nach Schwaben, Sachsen und Thüringen. Die Bergbauern gaben ihre Hunde nicht gern ab und zum anderen hielten die ersten Züchter besonders Hündinnen zurück.

Die Riesen wurden in der Zeit bis etwa zum Beginn des Ersten Weltkrieges noch Riesenschnauzer, meist aber Münchner Schnauzer genannt. Auf einer Schau in München waren 1909 schon 23 „Münchner Schnauzer" gemeldet, ein Durcheinander von Typen, Farben, Haarvariationen und Größen. Durchgesetzt haben sich aus dieser Vielfalt nur wenige markante Hunde. Der auf Seite 15 dargestellte „Bazi von Wetterstein 30" (1914–1924) war die „Säule der Zucht". Bis 1918 wurden nur wenig Riesenschnauzer ins Zuchtbuch eingetragen, in 10 Jahren etwa 40.

Dr. Calaminus (Langendiebach) war damals einer der bekanntesten Züchter. Er baute die Zucht auf den bayerischen Landschlägen auf, lehnte es ab, Hündinnen für Zuchtzwecke zu verkaufen und hat auch seine guten Rüden nicht, oder nur gegen hohe Gebühren, decken lassen. Aus seinem Zwinger „vom Kinzigtal" gingen, da er mit viel Glück und Geschick züchtete, hervorragende Riesenschnauzer hervor, denen man jedoch wenig Ausbildungsfähigkeit nachsagte. Der bekannteste Rüde war „Fels vom Kinzigtal" (Abb. Seite 21). Ebenso wurden die Riesen des Züchters Bosch aus dem Zwinger „von

Links oben: Kopfstudie eines Mittelschnauzers schwarz.
Rechts oben: Mittelschnauzer pfeffersalz.
Unten: Mittelschnauzer schwarz.

Riesenschnauzer „Bazi von Wetterstein".

Lichtenrade" wegen ihrer großen Dressurfähigkeit besonders erwähnt. Sie hatten „Prachtköpfe" mit dunklen Augen, waren jedoch noch nicht stark genug und im Haar oft wellig. Auf den „Lichtenradern" baute etwas später der bekannte Tierarzt und Schnauzerzüchter Dr. Kuhn (Berlin) und seine Frau Johanna eine erfolgreiche Zucht auf.

Während man 1925 schon von einer Hochzucht der schwarzen Riesen sprach, setzte die Reinzucht der pfeffersalz Riesen erst um diese Zeit etwa ein. Am deutlichsten ist die Entwicklung in der Grafik Seite 15 zu erkennen.

Aus damaliger (und auch aus heutiger) Sicht waren es drei von außen kommende Gründe, die in den zwanziger Jahren den schwarzen Riesenschnauzer deutlich vorwärts brachten:

1. Die im August 1925 erfolgte amtliche Anerkennung des Riesenschnauzers als Diensthund, die auch von der damaligen deutschen Dachorganisation, dem Kartell für das deutsche Hundewesen, bestätigt wurde.

2. Der Beschluß des PSK, ab 1. Januar 1925 keine Kreuzungen zwischen Riesenschnauzern und Schnauzern mehr ins Zuchtbuch einzutragen, womit auch jede andere Einkreuzung verboten wurde.

3. Das allgemeine Verbot der Zulassung nicht eingetragener Hunde zu Schauen.

Mitte der dreißiger Jahre wurden je Jahr bereits etwa 750 schwarze Riesenschnauzer gezüchtet. Diese Entwicklung wurde durch den Zweiten Weltkrieg jäh unterbrochen. Von 1950 bis 1970 hielten sich die schwarzen Riesen bei ca. 500 Welpen jährlich. Hier ist zu bedenken, daß nach dem Krieg die Züchter in den ehemaligen deutschen Ostgebieten ausfielen.

Ab dem Jahr 1970 setzte dann eine steilere Aufwärtsentwicklung ein als jemals zuvor. Verantwortlich für diese an sich erfreuliche Entwicklung ist sicherlich, daß der Riesenschnauzer als ein gesunder Hund gilt, der bei den Hundesportlern beliebt und als Familienhund trotz seines achtunggebietenden Gesamtausdrucks ungefährlich ist, besonders für Kinder. Auch die einschränkenden Zuchtmaßnahmen des Klubs in bezug auf Hüftgelenkdysplasie (HD) seit 1970 haben diesen Trend nicht bremsen oder gar aufhalten können, im Gegenteil!

Die Zucht der pfeffersalz-farbenen Riesenschnauzer hatte Mitte der dreißiger Jahre ebenfalls einen Höhepunkt, kam aber 1950 ganz zum Erliegen. Nur dem engagierten und aufwendigen Einsatz einiger Sportfreunde wie Wittlich (Wattenscheid), Zähler (Essen), Becker (Frankfurt) und Essig (Stuttgart) gelang es, diesen Farbschlag zu erhalten.

Der Versuch um 1970, die Haarqualität, die Rückenlage sowie Kopf und Hals durch die Einkreuzung übergroßer Mittelschnauzer zu verbessern, brachte wie bereits 1920 kein befriedigendes Ergebnis. Ein pfeffersalz Riesenschnauzer mit gelber Unterwolle und schlechter Haarqualität bleibt ein Riesenschnauzer. Ein zu

Riesenschnauzer schwarz, WT 25.6.1924.

Riesenschnauzer schwarz.

klein geratener Hund, wie er nach der Einkreuzung einiger Mittelschläge öfter zu sehen war, war weder Riesenschnauzer noch Schnauzer.

Die Züchter haben inzwischen durch gezielte Zuchtauswahl das Größenproblem beseitigt. Die Ergebnisse eines Mitte der siebziger Jahre gestarteten Versuches mit der Einkreuzung eines schwarzen Riesenschnauzers sind erfolgreicher.

Praktikabler und vielversprechender scheint es zu sein, den Weg zur Vervollkommnung über die gar nicht so seltenen „echten" pfeffersalz Riesenschnauzer zu suchen, deren Basis neben Deutschland in den Niederlanden und seit einigen Jahren auch in Belgien, Jugoslawien und Polen ist.

Auch hier ist zu erwarten, daß die Bekämpfung der Hüftgelenkdysplasie durch Zuchtauslese die gleichen Erfolge wie bei den schwarzen Riesenschnauzern bringen wird. Der eine oder andere erfolgreiche pfeffersalz Riesenschnauzer in Leistungssportlerhand würde diesem Farbschlag sehr helfen. Die Voraussetzungen für den Sport bringt der pfeffersalz Riese ebenso mit wie der Schwarze.

Bei den Riesenschnauzern kommt derzeit auf fünfzehn schwarze ein pfeffersalzfarbener.

Ich möchte dieses Kapitel abschließen mit einem Wort des früheren Hamburger Rundfunksprechers und Tierpsychologen Karl Peter, der auch unter dem Namen „Tierpeter" bekannt war:

„Rund 20 verschiedene Rassehunde haben wir gehalten. Jeder bildete irgendeine Steigerung gegenüber seinem Vorgänger, oder sollte sie doch bilden ..., nur daß es mit dem Charakter nicht allemal so klappte, wie es gewünscht wurde. Anfänger in der Tierhaltung sind keine Engel. Also erst lerne der Herr, ehe er den Hund lehre. Dem zwanzigsten meiner Hunde die Palme! Trotz höchstgespannter Erwartungen an ihn als Hundefreund und Hundekenner, ja höchstgespannter Forderungen an ihn als Tierforscher und Tierpsychologe befriedigte er voll und ganz, ist er Erfüllung dessen, was ich vom Hunde an sich und vom Hunde im Vergleich zu vielen anderen geistig und seelisch hochstehenden Tieren verlange. Dieser Hund ist ein Riesenschnauzer!

In zusammengeballter Weise gibt und zeigt er das, was man schlechthin alles vom Hunde verlangen kann und verlangen wird. Ein großer Hund, doch nicht zu groß für die Normalwohnung. Trotz Größe und Schwere munter und beweg-

Riesenschnauzer pfeffersalz, „Sitta von Groß-wiesbaden", WT 30.6.1934.

Riesenschnauzer schwarz, „Banja von Gröbenbach", WT 9.12.1977, Z. u. Bes. E. Werndörfer.

lich. Wenn der rabenschwarze Kopf das blendend weiße Gebiß zeigt, dann ist das zu sehen an sich schon eine Lust, für manchen Fremden furchterregend. Andere Hundebesitzer nehmen wohl voller Sorge und Angst vor diesem schwarzen Panther ihren Hund auf den Arm. Und dabei von Gemüt ein Kind, das eigentlich nicht einmal einer Fliege etwas tut, es sei denn, der Herr wünsche die Fliege weg. Wehe der Fliege und was der Jagd auf diese im Wege ist! Denn für den Herrn tut man alles, was er will. Eben mit dem Ball spielen, ein Ruf, ein Pfiff, ein Befehl, und das Riesenbaby wird zum sehr ernsten, sehr wahrhaften, sehr zuverlässigen Angreifer und damit zu seines Herrn und Kameraden Verteidiger!

Dieser Gegensatz zwischen weich und hart, zwischen tapsigem Spielkind und anpackendem Raubtier ist köstlich und macht den Riesen besonders zum Hauskameraden und zum Genossen der Kinder geeignet, zumal er im Hause sehr ruhig sein kann. Mit meiner Riesenschnauzerhündin stehe ich so, daß unter uns sehr selten nur das Wort, der Ruf, der Befehl gilt. Handbewegungen und Auge sind ihr genug, um zu wissen, was sein soll, um danach zu handeln. Hier hat ganz das Wort Erfüllung: und sie las ihm alles von den Augen ab! Stundenlang vor mir sitzen oder liegen und mir in die Augen blicken, das ist ihr schönster Lebensinhalt, denn alle Welt sieht, lobt und preist ihr seelenvolles Auge. Was soll ich das nicht zu allererst tun?

Und hat mein Herz auch für dreißig und vierzig Tiere zu sorgen und sie alle lieb, so steht doch am Eingang und am Ausgang meines Herzens meine Riesin ‚Antje'. Da soll sie alle Tage kommen und ihren Kopf an den meinen legen. Solange ich das hab, da überwinde ich viel, was Alltag und Menschen mir senden!"

Zwergschnauzer

„Ich glaube, es war in Frankfurt, so um 1899 rum, als der Name Zwergschnauzer zum ersten Mal ausstellungsoffiziell vorkam. Jocco (Fulda) hatte es wohl fertiggebracht, einen damals rühmlichst bekannten Hund, der in Figur, Kopf, Behaarung, Wesen das verkleinerte Bild des Schnauzers bot."

So schreibt Josef Berta, der Klubgründer, 1907 einleitend in einer Broschüre über Zwergschnauzer, und die Zeichnung Richard Strebels verdeutlicht besser noch

Zwergschnauzer „Jocco-Fulda-Liliput".

Zwergschnauzer „Lord".

als manche alten Fotos, wie dieser Zwergschnauzer aussah.

Die Vorfahren der ersten Zwergschnauzer waren nicht weit zurückzuverfolgen. Sicher scheint, daß die damals schon viel bekannteren Affenpinscher unter diesen Vorfahren eine wichtige Rolle spielten. Das Ziel hatten jedoch die Verantwortlichen klar vor Augen: den wohlproportionierten, verkleinerten Mittel-

Zwergschnauzer „Prinz von Rheinstein".

schnauzer mit allen seinen typischen Charakterzügen.

Zu dem Bild des Zwergschnauzers „Lord" möchte ich den Zeitgenossen Josef Berta zu diesem Hund zitieren:

„Unser Bild zeigt Lord in seiner Glanzzeit, im Vollbesitze seiner Schönheit und Kraft, ohne seine Mängel zu verschweigen. Schon damals zeigte sein Kopf, wenn er auch noch genügend gestreckt erschien, die Neigung zu Backenbildung und gröberen Linien; er ist seinem Schicksal nicht entgangen, und das Schicksal reitet schnell! Aber was besagte das gegenüber dem Plus seiner Vorzüge? In seiner quadratischen Architektur, der wundervollen Harmonie seiner Gesamterscheinung, in Behaarung und Knochen war er unübertroffen; in seinem Temperament und Ausdruck, in seiner ganzen Haltung, in Ruhe und Bewegung bot er ein entzükkendes Schnauzerbild."

1907 hielt Richard Strebel den 1903 geworfenen „Prinz v. Rheinstein" fest. Auf seiner Zeichnung sind die kräftigen Knochen, die geschlossenen Pfoten deutlich zu erkennen. So kam ein Baustein zum

Zwergschnauzer „Gift".

anderen. Die manchmal steile Hinterhand, die damit oft einhergehende „Überbauung“ des Rückens, und anderes mehr, mußten durch die Zucht verbessert werden (vgl. dazu den Zwergschnauzer „Gift“ des seinerzeit sehr bekannten Züchters Ernst Stacke, Chemnitz, auf Seite 25).

Pfeffersalz-farbene und schwarze Zwergschnauzer

Auch ihre Entwicklung wurde durch den Weltkrieg 1914/18 gestoppt, um dann nach der endgültigen Gründung des Pinscher Schnauzer Klubs 1922, getrennt nach den Farben Pfeffersalz und Schwarz, nach Kriegsende 1945 einen zahlenmäßigen Höhepunkt zu erreichen, der dann in den fünfziger Jahren auf die Hälfte der Zuchtzahlen abfiel. Nach einer kurzen „Erholungspause“ in den sechziger Jahren fielen sie dann bis Anfang der siebziger Jahre auf ¼ der höchsten Zuchtzahlen. Um diese Zeit wurden von Züchtern und Liebhabern die besonderen Vorzüge dieser Rasse neuentdeckt. Wenn Beliebtheit sich in Zuchtzahlen ausdrückt, dann finden pfeffersalz Zwerge seit 1970 wieder zunehmend Freunde. Ein vorübergehender Rückgang 1975 durch den Ausfall einiger alter Züchter ist inzwischen ausgeglichen.

Nachdem man bei den schwarzen Zwergschnauzern in den ersten 50 Jahren nur halb soviel wie die pfeffersalz-farbenen zählte, waren es in den sechziger Jahren sogar doppelt so viele. Seit 10 Jahren nähern sich die Beliebtheitsgrade wieder einander.

Schwarzsilberne Zwergschnauzer

Diese Farbvarietät steckte von Anfang an in unseren pfeffersalz-farbenen Zwergschnauzern. Das Foto auf Seite 28 des 1921 geworfenen Zwergschnauzers „Dynast v. Annenhof“ aus dem 1923 herausgegebenen Zuchtbuch des PSK zeigt schon deutlich die wesentlichen Elemente des Farbspiels. Die Konzentration auf pfeffersalz und schwarz schaltete andere

Zwergschnauzer schwarz, „Cito von der Werneburg“, WT 24.9.1907.

Zwergschnauzer pfefferschwarz, „Fels zum Schlagbaum“, WT 2.12.1936.

Zwergschnauzer schwarz, 1953.

Zwergschnauzer pfeffersalz, 1976;
„Exzellent und Sitah von Old Wattsche",
Z. u. Bes. Marga Höller, Alsdorf.

Zwergschnauzer schwarz, „Quelle von den Termeerhöfen", WT 10.5.1963.

Aus dem Zuchtbuch Bd. 1 des PSK, Zwergschnauzerrüde schwarzsilber „Dynast von Annenhof", WT 14.5.1921.

Farben wie braunschwarzweiße Schecken u. a. mehr und mehr aus. Die Pfeffersalzfarbenen wurden in den dreißiger Jahren viel in die USA exportiert und entwickelten sich dort im Laufe der Jahre zu einer sehr beliebten Rasse. In den USA werden 100mal (!) so viele pfeffersalz Zwergschnauzer jährlich gezüchtet als bei uns. In den USA und in Kanada wurden die in Deutschland als „Fehlfarbe" geltenden Schwarzsilbernen als besondere Varietät gezüchtet und Ende der sechziger Jahre fand dieser ansprechende Farbschlag des Zwergschnauzers den Weg über die Schweiz und Israel wieder zurück nach Deutschland. Um die Einführung und endliche Zulassung hat sich besonders die Schweizer Züchterin Frieda Steiger („Schnauzi's") bemüht.

Nachdem ein 1973 dem PSK-Vorstand vorgelegter Antrag auf Übernahme der schwarzsilbernen Farbe in die Rassekennzeichen (Standard) noch zurückgestellt wurde, kam es am 14. Mai 1976 zur Anerkennung durch den Vorstand des PSK. 1977 wurde von der FCI dann mit Wirkung vom 1. Januar 1978 beschlossen, daß die schwarzsilbernen Zwergschnauzer als siebte Varietät der Schnauzer geführt werden und dieser Varietät ein besonderes CACIB (Anwartschaft für den Internationalen Schönheits-Champion) vergeben werden kann.

Nach der Freigabe der Zucht dieses Farbschlages finden sich immer mehr Züchter und Liebhaber für diese Zwergschnauzervarietät. 1979 wurden in der BRD schon 33 Welpen eingetragen, 1984 waren es schon etwa 242 Welpen dieses Farbschlages.

Dazu bildeten die aus USA und Kanada zurückgekommenen Hunde die Basis.

Diese Hunde entsprachen nicht in allen Punkten unserem Standard, der für alle Zwergschnauzer bis auf die Farbfestlegung denselben Wortlaut hat. Es war allen Verantwortlichen von Anfang an klar, daß das oft weiche und reichliche Haar der USA-Zwerge und die Übergröße züchterisch verändert werden sollte. Die USA und Kanada gehören nicht zur FCI (Dachorganisation der meisten Staaten der Welt) und haben einen eigenen Standard, der insbesondere in diesen beiden Punkten von unserem abweicht.

Wie unsere Freunde in der Schweiz nehmen wir die bei den pfeffersalz Zwergen immer wieder fallenden schwarzsilbernen Welpen vorsichtig mit in die Zucht. Es ist ein langwieriger Prozeß, da nur in bestimmten Linien schwarzsilberne aus pfeffersalz Zwergen fallen, insgesamt vielleicht 0,5 % der Gesamtzucht. Schwarzsilberne Zwergschnauzer aus pfeffersalz Eltern werden als pfeffersalz Hunde eingetragen, gelten als Fehlfarben. Erst wenn diese Hunde im Alter von mindestens einem Jahr durch einen Zucht-

Zwergschnauzer schwarzsilber im Zwinger „Schnauzi's", Frieda Steiger, Schweiz, August 1970.

richter, der zudem auch Vorstandsmitglied sein muß, für die schwarzsilberne Zucht freigegeben werden, bekommen sie eine entsprechende Ahnentafel und können dann für die Zucht eingesetzt werden.

Kenner dieser Varietät sagen dem schwarzsilbernen ein ausgezeichnetes Wesen nach.

Weiße Zwergschnauzer

Die Basis ist sehr klein. Nur wenige Züchter haben sich diesem Farbschlag verschrieben. Sie sind darauf angewiesen, mit den wenigen zur Zeit vorhandenen Hunden zu züchten und ab und zu aufzufrischen mit „zufällig“ aus schwarzen Zwergschnauzern fallenden Welpen oder aber auch mit schwarzen Zwergschnauzerrüden, die die Vererbung weißer Farbe genetisch nachgewiesen haben. Tatsächlich gibt es nur 2–3 Zuchtlinien, bei denen die weiße Farbe bei entsprechender Paarung auftritt.

Weiße Zwergschnauzer werden seit 1949 von der Züchterin Irmgard Sauer unter dem Namen „v. Grunewald“ in der BRD gezüchtet. Diese Zucht wurde 1968 vom PSK als Versuchszucht übernommen und die Welpen in das Zuchtbuch eingetragen. Zuchtrecht hatte jedoch nur diese eine Züchterin. Wegen der dadurch eingeengten Zuchtmöglichkeiten wurde die Zucht weißer Zwergschnauzer 1979 vom Vorstand des PSK für alle PSK-Mitglieder freigegeben. Seitdem können weiße Zwergschnauzer auf klubinternen, nationalen und internationalen Zuchtschauen Siegertitel und Anwartschaften erringen.

Der weiße Farbschlag wurde 1979 offiziell in den Standard übernommen.

Zwergschnauzer weiß, v. Rhedaer Tor, Züchter Max Barth, 1981.

Um die Zucht einwandfreier weißer Zwergschnauzer hat sich ebenfalls der Zwinger „vom Rhedaer Tor“ des Herrn Barth in Wiedenbrück verdient gemacht.

Deutsche Pinscher

Die jährlichen Eintragungszahlen spiegeln sowohl die jeweiligen Bemühungen des PSK und berufener Züchter, die leidenschaftliche Förderer dieser alten deutschen Rasse sind, wie auch die Mißerfolge in der Zucht wider; Mißerfolgte, deren Ursache auch in den gegensätzlichen Meinungen anerkannter Kynologen zu suchen sind.

Der Klubgründer Josef Berta förderte den Deutschen Pinscher immer wieder. Seine Entwicklung war von der Jahrhundertwende ab, unterbrochen durch den

Ersten Weltkrieg bis in die Mitte der zwanziger Jahre, stetig positiv. Das Interesse des bekannten Tierzeichners und Kynologen Richard Strebel lag beim Deutschen Pinscher mehr bei den aus Mittelschnauzern gefallenen glatthaarigen und bartlosen „Schnauzerlingen", ein Zuchtziel, das er, auch wegen der Farbe, leidenschaftlich verfocht.

Letztlich setzte sich der ursprüngliche, vom Schnauzer wenig beeinflußte Typ durch. Von der Quantität her, die ja durch Beliebtheit und Bekanntheitsgrad gesteuert wird, ergab sich über Jahrzehnte hinweg ein zerrissenes Bild. 30 Deutsche Pinscher im Jahr, deren Zuchtstätten auch zu einem Teil in der heutigen DDR lagen, waren zu wenig.

Von 1950 bis 1957 wurden überhaupt keine Deutschen Pinscher in das Zuchtbuch eingetragen. Der damalige Hauptzuchtwart des PSK, Werner Jung, rettete unter persönlichen Opfern diese liebenswerte Rasse vor dem Aussterben und bewies, was ein begeisterter Züchter vermag. Seinem Engagement ist auch zu verdanken, daß sich weitere ernsthafte Züchter der Deutschen Pinscher annahmen. Der von ihm eingeleitete Aufschwung setzte sich nach seinem plötzlichen Tode im Jahr 1971 fort und erreichte bis 1975 ein großes Interesse für diese Rasse.

Parallel dazu setzte der „Deutsche Pinscher" in den nordischen Ländern zu einem wahrhaften Siegeszug an. 1977 wurden in Oslo auf einer Ausstellung allein 45 Deutsche Pinscher vorgestellt. Hier hatte züchterisches Geschick und Züchterglück außerordentlich typvolle Pinscher hervorgebracht. Typische Köpfe, nicht Dobermann, nicht terrierartig, erstklassiges Wesen, keine „scharfen" Hunde, sondern liebenswerte Familienmitglieder, die gegen Fremde ein natürliches Mißtrauen zeigen und notfalls auch zupacken, ideale Größe – im Mittel 47 cm –, satte

Deutscher Pinscher „Edmund von Filseck", WT 6.2.1934.

Deutscher Pinscher, Finnland 1980.

Farben, in der Mehrzahl rotbraun, komplette, kräftige Gebisse und eine edle Linienführung mit guter Winkelung der Schultern und der Hinterhand, mit tiefer Brust, bester Stand und im Trab nicht überbaut. Leider ging die Zucht seit 1980 nach Ausfall eines engagierten Züchters zahlenmäßig wieder zurück.

Die Basis typvoller Hunde ist inzwischen auch in Deutschland, in Frankreich und in den Niederlanden vorhanden, so daß nichts mehr entgegensteht, dem Hundefreund den Deutschen Pinscher näherzubringen. Eine allmähliche Anhebung der Standardgröße auf die des Mittelschnauzers würde für den Deutschen Pinscher meines Erachtens vorteilhaft sein.

Zwergpinscher

Nach der Klubgründung 1895 bis zum Ersten Weltkrieg hatten die Zwergpinscher ihren ersten großen Durchbruch, und nach dem Kriege – bis in die Mitte der zwanziger Jahre – eine Blütezeit. 1925 wurden im Pinscher Schnauzer Klub mit etwa 1300 Eintragungen je Jahr dreimal soviel Zwergpinscher gezüchtet als heute. Bis zum Ende des Zweiten Weltkrieges waren die Eintragungszahlen auf etwa 300 gesunken und kletterten bis 1970 wieder auf das Doppelte (600). Seit 1970 gehen die Eintragungszahlen ziemlich beständig zurück.

Die heutige Situation in der Zwergpinscherzucht ist in etwa vergleichbar mit der von 1928. Damals hat der Gründer des PSK, Josef Berta, sich zur Zwergpinscherzucht geäußert. Was Berta damals sagte, gilt auch heute noch, und kaum hat sich jemand mehr mit so viel Liebe und Engagement für den handfesten und wesensfesten Zwergpinscher eingesetzt.

„Der Zwergpinscher hatte seine beste, seine Blütezeit, als er sich durch alle Hemmnisse, alle Widerstände, die sich ihm auf dem Weg seiner Hochzucht entgegengestellt hatten, zu einer klaren und gesunden Form durchgerungen hatte, als er sich noch jener ersten zielsicheren und tatenfreudigen Züchter und Richter erfreute, die seine Entwicklungsgeschichte miterlebt und sich mit seinem Rasseideal völlig vertraut gemacht hatten. Sein Aufstieg begann in den Jahren 1906/07, als sich die vom Pinscherklub aufgestellte Typform nach scharfen Auseinandersetzungen mit dem Berliner Zwerghundeklub siegreich durchgesetzt und behauptet hatte. Als die Arbeit des Pinscherklubs einsetzte, galt es, aus einem schwächlichen, armen Schoßhund einen gesunden, kräftigen, temperamentvollen Pinscherzwerg emporzuzüchten. Mit viel Geduld, mit Ruhe und Stetigkeit gelang es nach und nach, ein brauchbares Gebäude und zuchttüchtige Tiere zu schaffen. Es bedurfte einiger Zeit, bis wir verstanden waren, bis alle berufenen Züchter und Liebhaber an das Gebäude die gleichen Forderungen stellten und einen kräftigen, bewegungsstarken Körper, gerade Knochen, sehnigen Rücken, gutgestellte Hinterhand, nicht zuletzt auch Charakter und Lebensfülle zur Bedingung machten. Bei der Beurteilung schrieben wir schon damals, wurden unsererseits zunächst und fast ausschließlich diese Bedingungen ins Auge gefaßt. Kopf, Hals, Ausdruck wurden behandelt, und es kam häufig vor, daß ein apfelköpfiger, kurzgehalster, ausdrucksloser Hund vor einem anderen stand, der ihm hierin weit überlegen war.

Zwergpinscher 1920.

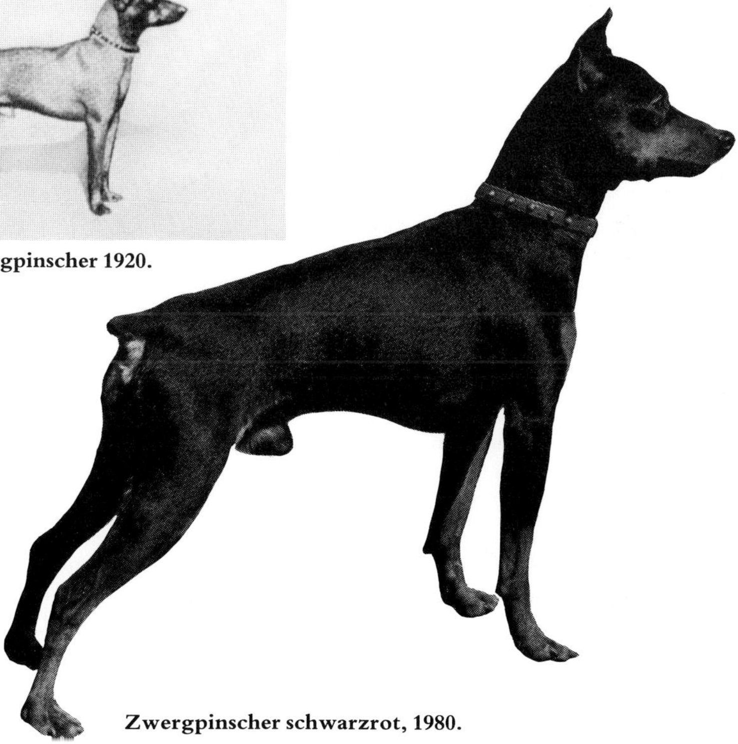

Zwergpinscher schwarzrot, 1980.

Dann, als die Grundbedingungen, das Gerüst genügend erfüllt war, suchten wir die Figur herauszuarbeiten, Hals und Kopf in Einklang zum Rumpf und Aufbau zu bringen. Das war der von uns gedachte und mit zäher Folgerichtigkeit durchgeführte Entwicklungsgang, der zur Idealform führte, alle zwerghaften regelwidrigen Bildungen und Entartungserscheinungen ausschied und ein vollendetes Gesamtbild schuf, in dem jeder Teil ästhetisch auf das Ganze gestimmt ist, ein Bild voll Ebenmaß, Adel und Linienschwung.

In wohlerwogener Absicht habe ich gesagt, von welchen Gesichtspunkten aus und nach welchen Zielen sich die hochzüchterische Durchbildung des Zwergpinschers bewegt hat; denn für keine andere Rasse ist die Kenntnis ihrer Entwicklungsgeschichte so wertvoll als für diesen, der nur auf der Höhe zu erhalten ist, wenn die Voraussetzungen für diese Regelmäßigkeit, Kraft, Gesundheit des Körpers, gewahrt werden, der dem Verfall entgegengeht, wenn diese Vorzüge und Wünsche von untergeordneter Bedeutung geopfert werden. Sein Weg zur Höhe wird immer ein Ruhmesblatt in der Geschichte der deutschen Zuchtkunst sein; indem man sich diesen wieder vor Augen führt, erkennt man die Ursachen seines späteren und heutigen Niederganges.

In den beiden ersten Jahrzehnten unseres Sports bis gegen die Jahrhundertwende war der Zwergpinscher, wie der Schoßhund überhaupt, das Stiefkind unter den Rassen, meist in der Hand würdiger, marienbadreifer Damen, die mit viel Hingabe, aber plan- und ziellos ‚züchteten'.

Die erste große Blüte der Zwergpinscherzucht stand im Zeichen der Zwinger „Klein-Paris" und „Rheingold". Viel zu früh für die Zucht zerfiel der letztere nach dem tragischen Ende seines Gründers, wenn auch ein Teil seiner besten Insassen erhalten blieb. Rheingolds Woglinde und Wellgunde konnte sich Kniß, Leipzig, sichern, der Frankfurter Zwinger „Edelweiß", Mosbacher, Utz, Grafwallner im Süden, auch Sachsen mit dem Zwinger „Teiny" fehlte nicht. Noch brachte der Zwergpinscher die stärksten Zahlen auf den Ausstellungen, nicht selten hatte der Richter ihrer 50, 60 und mehr zu beurteilen. Noch war Ziel und Richtung in der Zucht bemerkbar, lag deren Schicksal in der Hand der wenigen berufenen Richter, die den Entwicklungsgang der Rasse miterlebt und einig in der Beurteilung waren, die mit dem jeweiligen Stand der Rasse vertraut waren und zur rechten Zeit eingriffen, wo es mangelte, bald das Gebäude und den Stand, bald Kopf und Größe als Wichtigstes voranstellten. Die Zeit des Verfalls begann nach meinen Beobachtungen, als die alten, erfahrenen, vortrefflich eingearbeiteten Richter nicht mehr die Führer und Wegweiser der Zucht waren, als mit der sorglosen Wahl neuer Richter, die ihre Aufgabe nicht gründlich beherrschten, die Ansprüche nachließen und damit die Rasse selbst ihre Bedeutung verlor. Hier zeigt sich so recht die Wahrheit des alten Satzes: Je höher die Anforderungen, die an die Kunst des Züchters gestellt werden, um so reizvoller seine Aufgabe, um so höher sein Eifer und sein Können. Mit anderen Worten: Je billiger die Ware, um so schlechter ist sie. Mit dem Sinken der Ansprüche werden es der ernsten, strebenden Züchter weniger, der Auch- und Gelegenheitszüchter mehr, wird das ganze Zuchtgut minderwertiger.

Ich habe manchmal den Kopf geschüttelt, wenn ich sah, mit wie geringen Mitteln manchmal höchste Auszeichnung gewonnen werden konnte, und es erlebt, wie schnell sich die Folgen dieser Oberflächlichkeit geltend machen. Unsere alten Meisterzüchter hatten, ehe sie vom Schauplatz traten, die letzte Hand angelegt, ihr Werk zu vollenden; zu der idealen Körperlichkeit und Figur fehlte noch die letzte Feinheit des Kopfes, seine schmale, gestreckte Form mit dem kräftig angesetzten Fang und dem kleinen Pinscherauge. Trotzdem haben sie eine reiche Erbschaft hinterlassen. Nichts liegt mir ferner, als in Bausch und Bogen zu verwerfen, was seitdem geschaffen worden

Oben links: Kopfstudie Riesenschnauzer pfeffersalz.
Oben rechts: Kopfstudie Riesenschnauzer schwarz.
Unten: Riesenschnauzer pfeffersalz.

ist. Ich verkenne die guten Bestrebungen und hohen Leistungen Einzelner nicht, nur den offensichtlichen Niedergang, der sich in der Zahl und Durchschnittsgüte offenbart, und deren Ursachen versuche ich deutlich zu machen, so klar er auch für den zutage tritt, der die Zeit des Glanzes und der Blüte nicht mehr erlebt hat.

Wohl ist es heute nicht mehr beliebt, aus der Geschichte und der großen Vergangenheit zu lernen. Für den Rassezüchter aber ist diese Lehre eine zwingende Notwendigkeit. Wer nicht den einzig dastehenden Aufstieg kennt, den die Zucht des Zwergpinschers genommen, nicht weiß, auf welchem Wege sie zu dieser Höhe, zu dieser inneren und äußeren Entfaltung, dieser allgemeinen Verbreitung und Beliebtheit geführt wurde, der wird sich leicht mit der gegenwärtigen Lage abfinden und ... fortwursteln.

Was kann zur Hebung dieser Rasse geschehen? Antwort:

Erstens: Nur solche Richter sind zu berufen, die mit ihrer Aufgabe gründlich vertraut sind, die wissen, woran es fehlt, mit den Grundübeln scharf ins Gericht gehen, jedes Anzeichen der Besserung lobend hervorheben.

Zweitens: Mit rücksichtsloser Strenge müssen alle Gebäudefehler gerügt werden. Kein Hund mit abfallender Kruppe, schwächlicher, unterstellter Hinterhand, wackliger Schulter, vorgedrücktem Oberarm, ausgebogener Front darf über die Note „Gut" hinauskommen. Auf die gesunde Körperlichkeit, auf rassiges Temperament, gerechten Stand, kräftiges, gebundenes Skelett, straffen Rücken mit gutentwickelter Lendenpartie und Kruppe muß hoher Wert gelegt werden, eine gewisse Fülle und Gedrungenheit muß der windigen und zarten Gestalt vorgezogen werden, unbekümmert um deren Kleinheit. Erst wenn diese Grundelemente gesichert sind, spricht der Kopf und dessen schöne Gliederung mit.

Zum dritten: Gleichzeitig müssen die Erbwerte der Zuchthunde ermittelt, muß die ganze, jetzt so planlose und verzettelte Zucht wirksam auf diejenigen Vererber zusammengefaßt werden, die sich als solche bewährt haben. Dadurch wird auch mehr Stetigkeit in die Zucht kommen; der Züchter wird eine höhere Befriedigung aus ihr gewinnen und seinen Eifer steigern, wenn er auf Blut züchtet und nicht mehr auf gut Glück angewiesen ist.

Überdenken wir noch einmal alles Gesagte, so werden wir zu dem Schlusse kommen, daß es nicht an Mitteln und Wegen fehlt, unseren Zwergpinscher wieder zur Höhe zu führen. Nützen wir sie, und in wenigen Jahren wird er wieder oben sein."

Auf der Fehlertafel (Seite 38) sehen wir in Fig. I bei A das durchbrochene Sprunggelenk, bei B die wenig tiefe Brust, bei C die zu steile Schulter, bei D die zu weichen Fesseln. Fig. II bringt den Kopf mit seinen hauptsächlichen Fehlern. A die durchbrochene Nase, Schweinsnase, C die zu geringe Tiefe der Schnauze, B den Apfelkopf, der leider sehr häufig und am

Oben links: Zwergschnauzer schwarz.
Oben rechts: Zwergschnauzer pfeffersalz.
Unten: Kopfstudie Mittelschnauzer pfeffersalz.

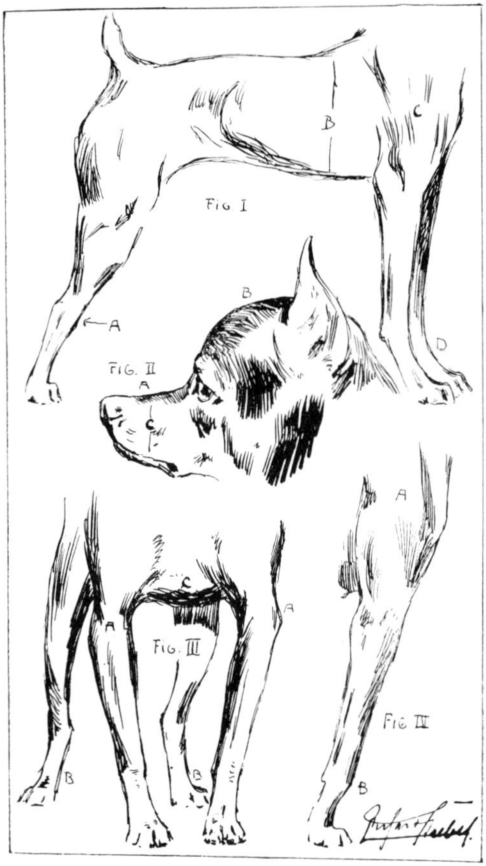

Fehlertafel des Zwergpinschers.

schwersten herauszuzüchten ist, Fig. III die zu breite Brust C, die aufwärtsgedrehten Ellenbogen A, die faßbeinige Hinterhand und die Ballettmeisterstellung der hinteren Haxen B. Endlich veranschaulicht Fig. IV die überköttete Vorhand als Folge zu steiler Schulterstellung.

Heute besteht über den gewünschten Typ eines Zwergpinschers bei Züchtern und Liebhabern weitgehend die Übereinstimmung, daß der Standard mit seinen Bestimmungen anzustrebendes Ziel ist.

Da jedoch die an der oberen Größengrenze liegenden Hunde oft auf den ersten Plätzen zu finden sind, halte ich eine leichte Anhebung der Standardgröße von derzeit 25–30 cm auf 27–32 cm von Vorteil. Eine solche Entscheidung sollte auf jeden Fall international beraten werden und bräuchte bis zum Beginn der Wirksamkeit ein bis zwei Generationen Anlaufzeit.

Affenpinscher

1895 fanden die Klubgründer ein vielfältiges Bild des späteren Affenpinschers vor. Wie auch heute noch nahm sich die Mehrheit der Züchter jedoch der glatthaarigen Pinscher und der rauhhaarigen Pinscher (der späteren Schnauzer) an.

Ihre Blütezeit im PSK erlebten die Affenpinscher zwischen dem Ersten und dem Zweiten Weltkrieg. Jährlich wurden etwa 60 Welpen gezüchtet. Nach dem Zweiten Weltkrieg sank die Zahl der jähr-

Affenpinscher 1904.

Affenpinscher 1955.

Affenpinscher 1980.

lich gezüchteten Welpen dann auf ca. 30 ab. 1985 wurden nur noch 20 Welpen eingetragen. Nur wenige Liebhaber haben sich dieser liebenswerten und sehr selbstbewußten Rasse verschrieben. Meines Erachtens haben frühere Standardbestimmungen auch dazu beigetragen, daß sich nur wenige für Affenpinscher interessierten. Da hieß es sinngemäß: je kleiner je lieber, und weiter war ein steiler Hals, eine wenig gewinkelte Hinterhand, ein trippelndes Gangwerk und eine wenig ausgeprägte Unterlinie gefordert.

Die schönsten und gesundesten Affenpinscher der letzten 20 Jahre entsprachen denn auch in diesen Punkten nicht mehr dem überlieferten Standard, zumal Züchter und Richter, oft unbewußt, in eine Richtung gelenkt haben, die der Vorstand des Klubs dann durch eine Neufassung des Standards als richtig anerkannt und bestätigt hat. Seit einigen Jahren ist nun die obere Größengrenze auf 30 cm Widerristhöhe angehoben (wie beim Zwergpinscher 25–30 cm). Die Hinterhandwinkelung ist der des Schnauzers und Pinschers angenähert worden. Die Forderung, daß die Unterlinie etwa parallel zum Rücken verlaufen soll, ist entfallen.

Es gäbe einige Möglichkeiten zur Verbreiterung der Zuchtbasis und damit zur Erhaltung der Rasse.

Zum Beispiel könnten Importe aus den USA weiterhelfen, da die wenigen Affenpinscher in Europa nahe verwandt sind. Hinderungsgründe sind hier jedoch die hohen Kosten und die vorherige Ungewißheit über die Qualität solcher importierten Hunde. Es gibt kaum Züchter von Affenpinschern, die sich persönlich ein Studium der Zucht an Ort und Stelle leisten könnten.

Die Besinnung auf die gemeinsame Ausgangsbasis von Affenpinschern und Zwergschnauzern vor 100 Jahren böte vielleicht eine gute Chance der Blutauffrischung. Grundvoraussetzung für solche Zuchtversuche wäre die sehr sorgfältige Auswahl zum Beispiel von schwarzen Zwergschnauzer-Rüden im Hinblick auf Kopftyp und Gebiß-Stellung. Es würde sich auch nur um gesunde Zwergschnauzer handeln können, die aufgrund des genannten Erscheinungsbildes für die Zwergschnauzer-Zucht ohnehin ungeeignet wären.

Geblieben sind die wesentlichen Standardbestimmungen, wie die kugelige Kopfform, der Untenvorbiß, der mit dem radial abstehenden Kopfhaar dem Kopf den affenartigen Ausdruck verleiht. Bei der Standard-Neuformulierung wurde im wesentlichen der Affenpinscher zugrunde gelegt, wie er heute lebt.

Wer einen seltenen, dem Besitzer sehr anhängenden, gegen Fremde abweisenden kleinen Hund haben will, entscheidet sich für den Affenpinscher.

Pfeffersalz-farbener Zwergschnauzer.

Gescheiterte Zuchtversuche

Auch das, was sich am Rande abspielte, was zu Zeiten die Gemüter bewegte, ist der Erinnerung wert. Wer weiß heute noch etwas über die Schecken der Gräfin Kanitz, den kurzhaarigen pfeffersalz-farbigen Pinscher, den Kleinschnauzer, den Harlekinpinscher, den Riesenpinscher und vieles andere mehr?

Ich will versuchen, in kurzen Zusammenfassungen etwas darüber zu sagen.

Gescheckte Zwergschnauzer

1926 besuchte der Tierfotograf A. Dauer die Gräfin Kanitz in Podangen in Ostpreußen. In einer Zwingeranlage, die damals als vorbildlich galt, züchtete die Gräfin schwarze Zwergschnauzer. Die Zucht war auf „Arco-Heilbronnia", einem kleinen stämmigen Rüden mit etwas kurzer Schnauze und einer typischen Hündin „Isa v. d. Werneburg 375" aufgebaut. Neben schwarzen brachte diese Ausgangspaarung auch pfeffersalz-farbene Zwergschnauzer.

Ein später zur Verbesserung der Köpfe in die Zucht genommener Rüde aus dem Zwinger „Vom Baltischhort" des Dr. Frommer sieht auf einem Dauerschen Bild mehr wie ein heutiger schwarzsilberner Zwergschnauzer aus.

Ein Vater aus dem G-Wurf und eine Mutter aus dem F-Wurf brachten 1929 neben rein schwarzen auch schwarzweiß gescheckte Zwergschnauzer.

Nach Berta handelte es sich bei den Schecken um „Schnauzer reinsten Wassers ohne jeden fremden Zug". Einkreuzungen wurden ausgeschlossen. Bereits 1931 befanden sich im Zwinger „Abbagamba" drei Generationen gescheckter Zwergschnauzer.

Eine Reihe namhafter Kynologen der damaligen Zeit, darunter der Ehrenvorsitzende des PSK Josef Berta, der 1923 die Klubleitung in jüngere Hände übergeben hatte, und Altmeister Richard Strebel hielten die nie zuvor aufgetretenen und gesehenen Schecken für eine „glückliche Laune der Natur" und traten für die Anerkennung und Weiterzüchtung dieses Farbschlages ein.

Sie traten dafür ein, „daß sich der Klub nicht an die papiernen, die züchterische Freiheit hemmenden, in ihrem Zweck verkannten Rassemerkmale halten sollte." Die Mitgliederversammlung des PSK lehnte im Mai 1933 die Zulassung der Schecken zu Ausstellungen und die Eintragung in das Zuchtbuch des Klubs mit der Begründung ab, daß der nicht geklärte Erbgang und die Tatsache, daß Schecken nur in einem einzigen Zwinger vorgekommen sind, nicht überzeugend seien.

Berta äußerte sich damals verbittert darüber, und verwünschte die Generalversammlung, die er in dieser Frage für nicht kompetent hielt. Er riet der Gräfin Kanitz, weiter zu machen und glaubte an die Zukunft der Schecken.

In späterer Literatur habe ich über das weitere Schicksal der Schecken nichts mehr gefunden. Das Farbspiel ist meines Wissens auch niemals wieder in der Zwergschnauzerzucht aufgetaucht.

Riesenpinscher

1931 wurde in den Mitteilungen des PSK ein „Aufruf an die Riesenschnauzerzüchter" veröffentlicht.

Der Züchter Dr. Dauber, Kaiserslautern, suchte Gleichgesinnte, die ihm bei der Herauszüchtung von Riesenpinschern schwarz und pfeffersalz aus den vorhandenen Riesenschnauzern unterstützen sollten.

Der Riesenpinscher sollte nach seiner Meinung die Lücke zwischen dem „windigen" Dobermann und dem „klobigen" Rottweiler füllen.

Als Farbe solle nur schwarz ohne Abzeichen und pfeffersalz zugelassen werden, damit „Ähnlichkeiten" mit Dobermann- und Rottweilerblut von vornherein ausgeschaltet werden würden.

Deutsche Pinscher gab es damals so wenige, daß Dr. Dauber hier auch keine Möglichkeiten für die Zucht des Riesenpinschers sah.

Nach seiner Meinung kamen hierfür die glatthaarigen bartlosen Riesenschnauzer in Frage. Seine Vorstellung ging dahin, daß dieses Vorhaben mit viel Zeit und Geduld in etwa 5–6 Jahren zu verwirklichen sei.

„Gelingt es nicht", so schrieb er, „den Riesenpinscher auf die Beine zu stellen, dann sind wir um eine interessante Zuchterfahrung reicher, gelingt es aber, dann haben wir die Genugtuung, die Pinscher-Schnauzer-Sippe um einen schönen, interessanten Schlag bereichert zu haben."

Heinrich Held, damals 1. Vorsitzender der Landesgruppe Baden (und später lange Jahre Vorstandsmitglied als Zuchtbuchführer) war von dieser Idee angetan, nannte kurzhaarige bartlose Riesenschnauzer, die in Frage kamen, vermutete aber, daß bei dem Experiment eher kurzhaarige Riesenschnauzer mit weniger üppigem Barthaar, aber auch immer wieder welche mit typischem Bart herauskämen.

Josef Berta lehnte den Versuch ab. Auch nach seiner Meinung waren höchstens kurzhaarige Riesenschnauzer und nicht Riesenpinscher zu erwarten.

Weiterhin gab er dem Dobermann und dem Rottweiler – im Gegensatz zu Dr. Dauber – eine Zukunft.

Berta und mit ihm die Mehrheit der Riesenschnauzerzüchter setzten sich durch. Über einige Versuche kam das Vorhaben „Riesenpinscher" nicht hinaus.

Pfeffersalz-Pinscher

In den 30er Jahren dürften die letzten pfeffersalz-farbenen Deutschen Pinscher in der Schweiz und in Deutschland gezüchtet worden sein.

Josef Berta schrieb 1933 in „Der Hund", daß der Züchter Leimgruber in Aarau/Schweiz pfeffersalz-farbene Deutsche Pinscher züchtet, die glattes Haar als unveränderliches Erbgut weitergeben. Seine Zuchthündin Dorla stammte aus Schnauzern, väterlicherseits aus Linien „Fidelitas" und „Fryburg", von den Müttern her aus „du Jorat" und „Schnauzerlust". Berta stellte vom Typ her deutliche Pinscherzüge fest, empfahl jedoch, sie mit echtem Pinscherblut zu durchdringen, um die letzten, an den Schnauzer erinnernden Züge zu verdecken.

Die Farbe dieser Hunde war nach Berta nicht rein „pfeffersalz", sondern „pfeffersalz-farben mit rötlichem Unterton oder rotem Brand". Die Befürworter dieser Zucht, die damals auch vom PSK anerkannt war, erhofften sich eine Belebung der Pinscherzucht, die Mehrheit der Züchter aber stand der Zucht mit den „Schnauzerlingen" wohl abweisend gegenüber.

Auch heute fallen aus Schnauzern vereinzelt noch glatthaarige Welpen, sie scheiden allerdings wegen des fehlenden Typs aus der Zucht aus.

Harlekin-Pinscher

Im 1. Band des Pinscher Schnauzer Zuchtbuches von 1923 sind in den Rassekennzeichen für Zwergpinscher als Farben neben a) rot und b) schwarzrot auch c) braun, blau und ähnliche Farbtöne mit roten und gelben Abzeichen und d) gefleckt auf weißem Grund, gescheckt, meist grau mit roten und gelben Abzeichen zugelassen. Der „gefleckte oder Harlekinpinscher" wurde etwas später vom Pinscher Schnauzer Klub abgelehnt und seitdem vom Kartell für das Deutsche Hundewesen (einem Vorgänger des Verbandes für das Deutsche Hundewesen, VDH) als besondere Rasse, und zwar als „Harlekin" geführt.

Die Entwicklung dieser Variation nahm ihren Ausgang in Deutsch-Österreich, man fand sie schon 1880 in Karlsbad und Umgebung. Die „bunten", auch „gescheckten", auch „Harlekinpinscher" genannten kamen auch nach Deutschland und wurden nach 1929 im VDH von Frl. Else Bertling, Hannover, gezüchtet.

Josef Berta bezeichnete die damals in ihrer Größe zwischen dem Zwerg und Deutschen Pinscher liegende Rasse als Zwischenstufe eines brauchbaren Kleinhundes für den Dienst in Haus und Hof, die körperlich und charakterlich nichts Zwerghaftes an sich hat. Es dürfte wohl das im PSK seit jeher verpönte Weiß den Ausschlag zur Ablehnung gegeben haben.

Das Bild zeigt die seit vielen Jahren ausgestorbene Rasse.

Bunte Pinscher (Harlekins).

Kleinschnauzer

Unter dem Schlagwort „Kleinschnauzer“ wurden 1925, also etwa 30 Jahre nach der Klubgründung, heftige Debatten geführt.

Angeregt durch das Mitglied Dr. Lackner, Königsberg, bemühten sich einige Züchter um Anerkennung von Größenschlägen zwischen den Zwergen und Mittelschlägen. Einen Grund sah man darin, es den Engländern gleichzutun, die immer neue Terrierrassen herauszüchteten und ihnen zu internationaler Anerkennung verhalfen. Diesem vielfältigen Angebot sollte die Zulassung des Riesenpinschers neben dem Riesenschnauzer, des Kleinschnauzers zwischen Mittel- und Zwergschnauzer, die Teilung der Affenpinscher in Zwergaffenpinscher und Affenpinscher und die der Zwergpinscher in Zwergpinscher und Kleinpinscher gegenübergestellt werden. Auch vom Namen „Klein“ statt „Zwerg“ versprachen sich einige viel.

Da für Zwergschnauzer und Zwergpinscher 1923 eine Größe von ca. 28 cm festgelegt war, für Affenpinscher ca. 26 cm, sollten Kleinschnauzer und Kleinpinscher als „Foxterrierersatz“ eine mutmaßliche Lücke in der deutschen Kynologie füllen.

Beide stellte man sich in einer Größe von ca. 35 cm vor. Besonders bei den Zwergschnauzerzüchtern waren die herausragenden Hunde größer, als es dem damaligen Standard entsprach. Das galt sowohl für die schwarzen Zwerge in Ostpreußen als auch für die pfeffersalz-farbigen in Westdeutschland. Wen wundert es also, wenn der Königsberger Dr. Lackner und der Frankfurter Walther (Heinzelmännchen) sich sehr engagiert zum Thema äußerten.

Letztlich war es Josef Berta, der sich im Klub mit der alten Dreiteilung Riesen – Mittel – Zwerge durchsetzte. Altmeister Berta zeigte die Gefahren auf, die sich durch eine neue Größenpalette ergeben würden. Welcher Liebhaber sollte hier noch erkennen können, ob es sich um einen großen Zwergschnauzer oder um einen kleinen Kleinschnauzer handelt? Die Vorschläge, mit der Zuchtbewertung die Hunde den ihrer Größe entsprechenden Gruppen einzuordnen, hielt er für unsinnig, da man das Streben nach Phänotyp gleich Genotyp zunichte machen würde.

Zwanzig Jahre später – 1959 – griff der damalige Hauptzuchtwart des PSK, Werner Jung, mit einem „Appell an die Vernunft und Tierliebe" das Thema der Größenprobleme unserer Zwergrassen erneut auf.

Um den Züchtern zu kleiner oder zu großer Zwerge neue Möglichkeiten zu bieten und die Käufer vor Enttäuschungen zu bewahren, propagierte er ebenfalls den Kleinschnauzer und wollte die Welpen aus Klein- und Zwergschnauzern für Ausstellungen und Zucht jeweils dort einordnen, wo sie größenmäßig hinpaßten.

An sieser Stelle ist zu erwähnen, daß die Größe der Zwergschnauzer 1956 mit 30–35 cm und die der Zwergpinscher mit 25–30 cm vom Klub festgelegt wurde.

Inzwischen sind weitere 25 Jahre vergangen, und noch immer gibt es Größenprobleme bei allen Rassen, es wird sie immer geben.

Die Züchter, die Zuchtrichter, der Klub müssen dafür sorgen, daß es Randprobleme bleiben und die große Linie eingehalten wird.

Die große Linie sind die Rassekennzeichen, sie sind in der langen Geschichte des PSK nur sehr behutsam geändert worden.

In den letzten 30 Jahren wurde die Größe der Affenpinscher von 25–28 auf 25–30 cm geändert.

Es wurden weiße und schwarzsilberne Zwergschnauzer zugelassen und das unkupierte Ohr wurde zugelassen und beschrieben.

Wichtige, aber nicht Klub und Rassen in ihren Grundlagen gefährdende Änderungen. Und bei dieser Einstellung sollten wir bleiben!

Standard (Rassekennzeichen)

Schnauzer-Varietäten

A) Gesamterscheinung

Mittelschnauzer: Der Schnauzer ist rauhhaarig, mittelgroß, kräftig und eher gedrungen als schlank, mit quadratischem Bau, d. h. daß die Widerristhöhe in etwa der Rumpflänge entspricht. Der Trab vollzieht sich in diagonaler Folge.

Typische Wesenszüge sind sein schneidiges Temperament, das mit bedächtiger Ruhe gepaart ist, ein gutartiger Charakter mit Spiellust, Anhänglichkeit zum Herrn, sehr kinderlieb, unbestechliche Wachsamkeit ohne ein Kläffer zu sein.

Hochentwickelte Sinnesorgane, Klugheit, Ausbildungsfähigkeit, Unerschrokkenheit, Ausdauer und Widerstandsfähigkeit gegen Witterung und Krankheiten geben dem Schnauzer alle Voraussetzungen zu einem hervorragenden Wach- und Begleithund, der auch als Gebrauchshund geeignet ist.

Riesenschnauzer: Der Riesenschnauzer ist das vergrößerte und verstärkte Abbild des Schnauzers, im ganzen ein trutzigwehrhafter Hund von Respekt einflößendem Aussehen.

Typische Wesenszüge sind sein unerschrockenes Draufgängertum, das mit Ruhe und Besonnenheit gepaart ist, ein gutartiger Charakter und unbestechliche Treue zum Herrn.

Hochentwickelte Sinnesorgane, Klugheit und Ausbildungsfähigkeit, Kraft, Ausdauer, Schnelligkeit und Widerstandsfähigkeit gegen Witterung und Krankheiten bestimmen den Riesenschnauzer zum harten, zähen Dienst- und Gebrauchshund.

Zwergschnauzer: Der Zwergschnauzer ist das verkleinerte Abbild des Schnauzers ohne die Mängel zwerghafter Erscheinungen.

Seine Wesenszüge entsprechen denen des Schnauzers und werden durch Temperament und Gebaren eines Zwerghundes geprägt. Klugheit, Unerschrockenheit, Ausdauer und Wachsamkeit machen den Zwergschnauzer zum angenehmen Haushund wie auch zum Wach- und Begleithund, der auch in einer kleinen Wohnung gut gehalten werden kann.

B) Einzelheiten des Standards

1. Der Kopf
Der Kopf ist kräftig, langgestreckt ohne stark hervortretendes Hinterhauptbein, von den Augen bis zur Nasenspitze allmählich schmaler werdend. Die Gesamtlänge (Nasenspitze bis Rutenansatz) verhält sich zur Rückenlänge (Widerrist bis Rutenansatz) ungefähr wie 1:2. Er soll zur Wucht des Hundes passen. Der Stirnansatz (Stop) erscheint durch die Brauen deutlich ausgeprägt, der gerade Nasenrücken verläuft parallel zur Verlängerungslinie der faltenlosen, flachen Stirn. Die Kaumuskulatur ist kräftig entwickelt, doch darf keine stark ausgeprägte Backenbildung die rechteckige Kopfform (mit Bart) stören. Der Fang endet in einem mäßig abgestuften Keil. Die Nasenkuppe ist voll und schwarz. Die Lippen sollen gut anliegen. Sie sind bei allen Farbschlägen schwarz.

2. Das Gebiß
Das vollständige Scherengebiß ist kräftig, gut schließend und rein weiß.

3. Die Ohren
Kupiertes Ohr: hoch angesetzt, gleichmäßig geschnitten, aufrecht getragen.

Unkupiertes Ohr: hoch angesetzt, V-förmig mit Klappfalte oder kleines Stehohr, gleichmäßig aufrecht getragen.

4. Die Augen
Die dunklen Augen sind oval und nach vorn gerichtet. Das untere Augenlid liegt an, so daß die Bindehaut nicht sichtbar ist.

5. Der Hals
Der edel geschwungene Hals ist kräftig aufgesetzt, er darf nicht kurz und nicht dick sein. Der Nacken ist erhaben gewölbt, die Kehlhaut liegt straff und faltenlos an (trockener Hals).

6. Der Rumpf
Die Brust ist mäßig breit, flachgerippt und im Querschnitt oval. Sie reicht bei guter Wölbung bis unter die Ellenbogenhöhe. Die Vorbrust ist durch den die Schultergelenke überragenden Anfang des Brustbeins, das Schultergelenk und das Oberarmbein markant ausgebildet.

Die Unterbrust steigt nach rückwärts leicht an und geht in den mäßig aufgezogenen Bauch über. Der Abstand vom letzten Rippenbogen bis zur Hüfte ist kurz, womit der Hund geschlossen wirkt.

Die Gesamtlänge des Rumpfes entspricht ungefähr der Widerristhöhe. Der Rücken ist kurz und leicht abfallend. Die obere Begrenzungslinie ist nicht schnurgerade, sondern zeigt einen leichten, edlen Schwung, der durch den kräftigen ersten Wirbel des Widerristes, den Rücken und die leicht abgerundete Kruppe bis zum Rutenansatz gebildet wird.

7. Die Rute
Die Rute ist hoch angesetzt und wird aufwärts getragen, sie wird auf etwa 3 Glieder geschnitten.

8. Die Vordergliedmaße
Die schräg gestellten Schulterblätter und der Oberarm sind gut gewinkelt und flach, aber kräftig bemuskelt. Die Vorderläufe sind als allseitig gerade Stützen ausgebildet, die Ellenbogen liegen an.

9. Die Hintergliedmaße
Die Keulen sind schräg gestellt und kräftig bemuskelt, die Sprunggelenke sind ausgeprägt gewinkelt.

10. Die Pfoten
Die Pfoten sind kurz, rund und haben fest geschlossene, nach oben gewölbte Zehen (Katzenpfoten) mit dunklen Nägeln und zähen harten Sohlen.

11. Das Haar
Das Haar ist rauhhaarig. Es soll drahtig, hart und dicht sein. Es besteht aus einer dichten Unterwolle und dem keineswegs zu kurzen, harten Deckhaar. Das Deckhaar ist rauh, weder struppig noch gewellt. Das Kopf- und Beinhaar ist ebenfalls hart, an der Stirn und an den Ohren etwas kürzer. Als typisches Kennzeichen bildet es am Fang den harschen Bart und die buschigen Brauen, die die Augen leicht überschatten.

12. Die Farbe
Die Farben sind für alle drei Größenschläge rein schwarz und pfeffersalz, bei den Zwergschnauzern auch noch zusätzlich schwarz-silber und weiß.

Für die pfeffersalz Farbe gilt als Zuchtziel eine mittlere Tönung mit gleichmäßig verteilter, gut pigmentierter Pfefferung und grauer Unterwolle. Zugelassen sind die Farbnuancen von dunklem Eisengrau bis zum Silbergrau. Alle Farbenspiele müssen eine den Ausdruck unterstreichende dunkle Maske aufweisen, die sich harmonisch dem jeweiligen Farbschlag anpassen soll. Weiße Abzeichen am Kopf, auf der Brust und an den Läufen sind unerwünscht.

Für die schwarzsilberne Farbe gilt das Zuchtziel: Schwarzes Deckhaar mit schwarzer Unterwolle; weiße Abzeichen über den Augen, an der Kehle, an den Backen, an der Vorderseite der Brust, am Mittelfuß, der Vorderhand, an den Pfoten, an der Innenseite der Hinterhand und am After. Stirn, Nacken und Außenseiten der Ohren sollen schwarz sein.

13. Die Größe
Die Widerristhöhe liegt beim Mittelschnauzer zwischen 45 und 50 cm, Riesenschnauzer zwischen 60 und 70 cm und beim Zwergschnauzer zwischen 30 und 35 cm.

14. Die Fehler

Als Fehler gelten: plumper oder leichter, niedriger oder hochläufiger Bau, schwerer oder runder Oberkopf, Stirnfalten, tiefangesetzte oder schlecht kupierte Ohren, helles und zu großes oder rundes Auge, stark hervortretende Backenknochen, lose Kehlhaut, Hirschhals, Auf-, Vor- oder Unterbeißer, Staupegebiß, kurzer, spitzer oder schmaler Fang, zu langer aufgezogener oder weicher Rücken, Karpfenrücken, abfallende Kruppe, Hasenrute, nach außen gedrehte Ellenbogen, nach innen gedrehte Hacken, steile oder faßbeinige Hinterhand, lange Pfoten, Paßgang, zu kurzes, zu langes, weiches, gewelltes, zottiges und seidiges Haar, Aalstrich, schwarzer Sattel und Stichelung, Terrierausdruck.

Pinscher-Varietäten

A) Gesamterscheinung

Deutsche Pinscher: Der Deutsche Pinscher ist glatthaarig, mittelgroß, schnittig und fließend in der Umrißlinie, voll Ebenmaß in der ganzen Figur, aber kräftig mit gut verteilter Muskelbildung und quadratischem Bau wie der Schnauzer, gegen den er durch das kurze Glatthaar jedoch eleganter und leichter erscheint. Der Trab vollzieht sich in diagonaler Folge.

Seine Wesenszüge sind schneidiges Temperament, Aufmerksamkeit, gutartiger Charakter mit Spiellust, Anhänglichkeit zum Herrn, unbestechliche Wachsamkeit ohne ein Kläffer zu sein. Durch sein Kurzhaar ist er in der Wohnung einfach zu halten.

Seine hochentwickelten Sinnesorgane, Klugheit, Ausbildungsfähigkeit, Unerschrockenheit, Ausdauer sowie Widerstandsfähigkeit gegen Krankheiten geben dem Pinscher aber auch die Voraussetzungen zu einem hervorragenden Wach- und Begleithund.

Zwergpinscher: Der Zwergpinscher ist das verkleinerte Abbild des Deutschen Pinschers ohne die Mängel zwergenhafter Erscheinungen. Seine Wesenszüge entsprechen denen des Deutschen Pinschers, doch werden sie durch Temperament und Gebaren eines Zwerghundes besonders geprägt. Als glatthaariger Zwerghund ist er auch in der kleinsten Wohnung gut zu halten, seine Eigenschaften lassen ihn aber auch die Aufgaben eines Wächters erfüllen.

B) Einzelheiten des Standards

1. Der Kopf

Der Kopf ist kräftig und langgestreckt, ohne stark hervortretendes Hinterhauptbein. Die Gesamtlänge (Nasenspitze bis Hinterhauptbein) verhält sich zur Rükkenlänge (Widerrist bis Rutenansatz) ungefähr wie 1:2.

Der gerade Nasenrücken verläuft parallel zur Verlängerungslinie der faltenlosen, flachen Stirn mit dem leichten aber deutlichen Stop (Stirnabsatz). Die Kaumuskulatur ist kräftig ohne störende Backenbildung. Der tiefe Fang endet in einem stumpfen Keil. Die Nasenkuppe ist voll und schwarz bei den roten und braunen Farbschlägen in entsprechender Abtönung. Die Lippen liegen gut an und sind dunkel gefärbt.

2. Das Gebiß

Das vollständige Scherengebiß ist kräftig, gut schließend und rein weiß.

3. Die Ohren
Kupiertes Ohr: hoch angesetzt, gleichmäßig geschnitten, aufrecht getragen.

Unkupiertes Ohr: hoch angesetzt, V-förmig mit Klappfalte oder kleines Stehohr, gleichmäßig aufrecht getragen.

4. Die Augen
Das dunkle Auge ist mittelgroß, oval und nach vorn gerichtet. Das untere Augenlid liegt an, so daß die Bindehaut nicht sichtbar ist.

5. Der Hals
Der edel geschwungene Hals ist kräftig aufgesetzt, er darf nicht zu kurz und nicht dick sein. Der Nacken ist erhaben gewölbt. Die Kehlhaut liegt straff und faltenlos an (trockener Hals).

6. Der Rumpf
Die Brust ist mäßig breit, flachgerippt und im Querschnitt oval. Sie reicht bei guter Wölbung bis unter die Ellenbogenhöhe. Die Vorbrust ist durch den die Schultergelenke überragenden Anfang des Brustbeins, das Schultergelenk und das Oberarmbein markant ausgebildet. Die Unterbrust steigt nach rückwärts leicht an und geht in den mäßig aufgezogenen Bauch über. Der Abstand vom letzten Rippenbogen bis zur Hüfte ist kurz, damit der Hund geschlossen wirkt. Die Gesamtlänge des Rumpfes entspricht ungefähr der Widerristhöhe. Der Rücken ist kurz und leicht abfallend.

Die obere Begrenzungslinie ist nicht schnurgerade, sondern zeigt einen leichten, edlen Schwung, der durch den kräftigen ersten Wirbel des Widerristes, den Rücken und die leicht abgerundete Kruppe bis zum Rutenansatz gebildet wird.

7. Die Rute
Die Rute ist hoch angesetzt und wird aufwärts getragen. Sie wird auf etwa 3 Glieder geschnitten.

8. Die Vordergliedmaße
Die schräg gestellten Schulterblätter und der Oberarm sind gut gewinkelt und flach aber kräftig bemuskelt. Die Vorderläufe sind als allseitig gerade Stützen ausgebildet, die Ellenbogen liegen an.

9. Die Hintergliedmaße
Die Keulen sind schräg gestellt und kräftig bemuskelt, die Sprunggelenke sind ausgeprägt gewinkelt.

10. Die Pfoten
Die Pfoten sind kurz, rund und haben fest geschlossene, nach oben gewölbte Zehen (Katzenpfoten) mit dunklen Nägeln und zähen, harten Sohlen.

11. Das Haar
Das Haarkleid ist kurz, dicht, glatt anliegend und glänzend ohne kahle Stellen.

12. Die Farbe
Einfarbig (braun in verschiedenen Tönen bis hirschrot) sowie zweifarbig schwarz mit roten bzw. braunen Abzeichen. Andere Farben sind nicht zugelassen. Bei den zweifarbigen Hunden wird möglichst dunkler, satter, scharf abgegrenzter Brand gewünscht. Die Abzeichen verteilen sich wie folgt: über die Augen, an der Kehle, an der Brust zwei voneinander abgegrenzte Dreiecke, am Mittelfuß der Vorderhand, an den Pfoten, an der Innenseite der Hinterhand und am After.

13. Die Größe
Die Widerristhöhe des Deutschen Pinschers liegt zwischen 43 und 48 cm, die des Zwergpinschers zwischen 25 und 30 cm.

14. Die Fehler
Als Fehler gelten: plumper oder leichter, niedriger oder hochläufiger Bau, schwerer, runder Oberkopf, kleiner Dobermannkopf, Stirnfalten, tief angesetzte oder schlecht kupierte Ohren, helles und zu kleines oder zu großes Auge, stark hervortretende Backenknochen und lose Kehlhaut. Auf-, Vor- oder Unterbeißer, kurzer, spitzer oder schmaler Fang, zu langer, aufgezogener oder weicher Rükken, Karpfenrücken, abfallende Kruppe, nach außen gedrehte Ellenbogen, nach innen gedrehte Hacken, steile oder faßbeinige Hinterhand, Aalstrich, dunkler Sattel und alle Farbverblasser.

Affenpinscher

A) Gesamterscheinung
Der Affenpinscher ist rauhhaarig, klein, gedrungen, mit einem affenartigen Gesichtsausdruck. Seine Wesenszüge sind eine liebenswerte Mischung von Unerschrockenheit, Hartnäckigkeit, Biederkeit und Anhänglichkeit, die sich im Wechsel von drolligem Ernst und aufbrausender Leidenschaft zeigen können. Seine geringe Größe macht ihn zum angenehmen Haushund, denn auch in der kleinen Wohnung ist für ihn Platz, seine Eigenschaften lassen ihn aber auch die Aufgabe eines Wächters erfüllen.

B) Einzelheiten des Standards

1. Der Kopf
Der Kopf ist eher kugelig als gestreckt, nicht zu schwer, hochgewölbt mit ausgeprägter Stirn. Der Fang ist kurz, aber nicht griffonartig nach oben gebogen. Nasenkuppe und Lippen sind schwarz.

2. Das Gebiß
Rein weiß, vorbeißend, dabei gut schließend, ohne sichtbare Zähne bei geschlossenem Fang.

3. Die Ohren
Kupiertes Ohr: hoch angesetzt, gleichmäßig geschnitten, aufrecht getragen.
Unkupiertes Ohr: hoch angesetzt, V-förmig mit Klappfalte oder kleines Stehohr, gleichmäßig aufrecht getragen.

4. Die Augen
Die dunklen Augen sind rund und voll, jedoch nicht glotzend, umrahmt von einem harschen Haarkranz.

5. Der Hals
Der Hals ist kurz, die Kehlhaut liegt straff und faltenlos an (trockener Hals).

6. Der Rumpf
Die Brust ist nur wenig seitlich abgeflacht, und sie reicht bei guter Wölbung bis unter die Ellenbogenhöhe. Die Vorbrust ist durch den die Schultergelenke überragenden Anfang des Brustbeins, das Schultergelenk und das Oberarmbein ausgebildet. Die Unterbrust steigt nach rückwärts leicht an und geht in den mäßig aufgezogenen Bauch über. Der Abstand vom letzten Rippenbogen bis zur Hüfte ist kurz, womit der Hund geschlossen wirkt.

Die Gesamtlänge des Rumpfes entspricht ungefähr der Widerristhöhe. Der Rücken ist kurz und leicht abfallend. Die obere Begrenzungslinie ist nicht schnurgerade, sondern zeigt einen Schwung, der durch den kräftigen ersten Wirbel des Widerristes, den Rücken und die leicht abgerundete Kruppe bis zum Rutenansatz gebildet wird.

7. Die Rute
Die auf etwa 3 Glieder geschnittene Rute ist hoch angesetzt und wird aufwärts getragen.

8. Die Vordergliedmaße
Die schräg gestellten Schulterblätter und der Oberarm sind gewinkelt und flach, aber kräftig bemuskelt. Die Vorderläufe sind als allseitig gerade Stützen ausgebildet, die Ellenbogen liegen an.

9. Die Hintergliedmaße
Die Hinterläufe sind mäßig gewinkelt.

10. Die Pfoten
Die Pfoten sind kurz, rund und haben fest geschlossene nach oben gewölbte Zehen (Katzenpfoten) mit dunklen Nägeln und zähen, harten Sohlen.

11. Das Haar
Das Körperhaar soll hart und dicht sein. Am Kopf bildet es den besonderen Schmuck durch buschige und stachelige Brauen und eine kranzförmige Einfassung der Augen, einen stattlichen Bart, Schopf- und Backenbehaarung. Auch das Kopfhaar soll möglichst hart, strähnig und radial abstehend sein. Es trägt wesentlich zum affenartigen Gesamteindruck bei; daher auch der Name.

12. Die Farbe
Die Farbe ist rein schwarz als anzustrebendes Zuchtziel, zugelassen sind auch braune oder graue Abzeichnen bzw. Tönungen.

13. Die Größe
Die Widerristhöhe liegt zwischen 25 und 30 cm.

14. Die Fehler
Als Fehler gelten: leichter, niedriger oder hochläufiger Bau, tiefe Brust, tief angesetzte oder schlecht kupierte Ohren, Glotzaugen, helles Haar, Auf- oder Unterbeißen, Scherengebiß wie beim Schnauzer, zu langer Rücken, abfallende Kruppe, nach außen gedrehte Ellenbogen, zu deutlich gewinkelte Hinterhand, Bleistiftbeine, lange Pfoten, kurzes, weiches, weißes oder fleckiges Haar.

Das Gebiß

Das Milchgebiß hat 28 Zähne, die ersten Zähne stoßen bereits nach 4–6 Wochen durch und das Milchgebiß ist schon im Alter des Welpens von 8–10 Wochen komplett.

Im Alter von 4–6 Monaten werden die Milchzähne durch die bleibenden Zähne ersetzt. Dazu kommen zusätzlich die vier kleinen Zähne hinter den Eckzähnen (Prämolaren 1 = P 1) und sechs Backenzähne hinten unten sowie 4 Backenzähne hinten oben (Molaren 1–3 unten und Molaren 1–2 oben).

Das endgültige Gebiß besteht damit im Normalfall aus 42 Zähnen. (Siehe nebenstehende Skizze eines Milchgebisses und eines endgültigen Gebisses.)

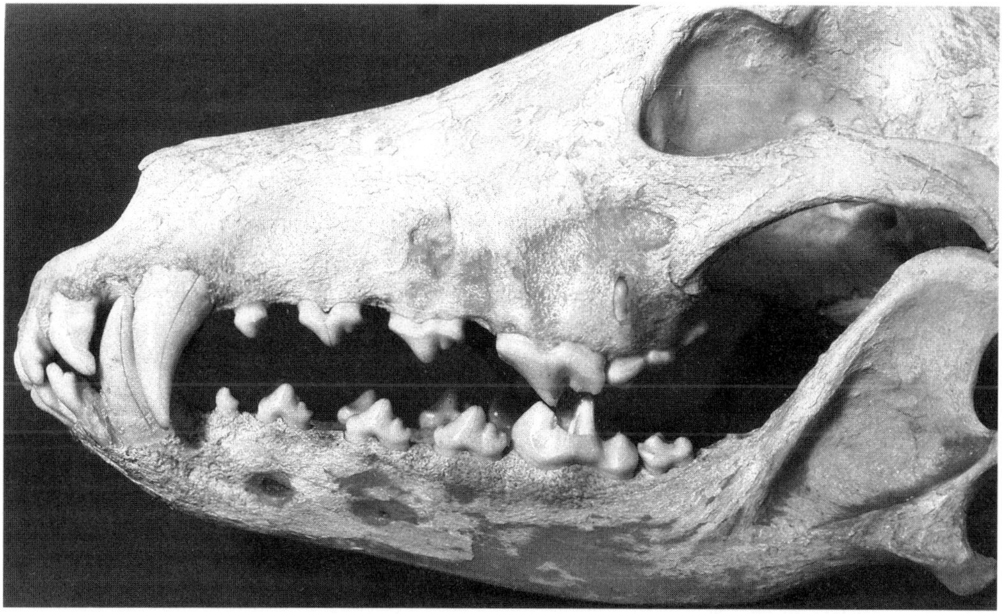

Das Gebiß des Hundes.

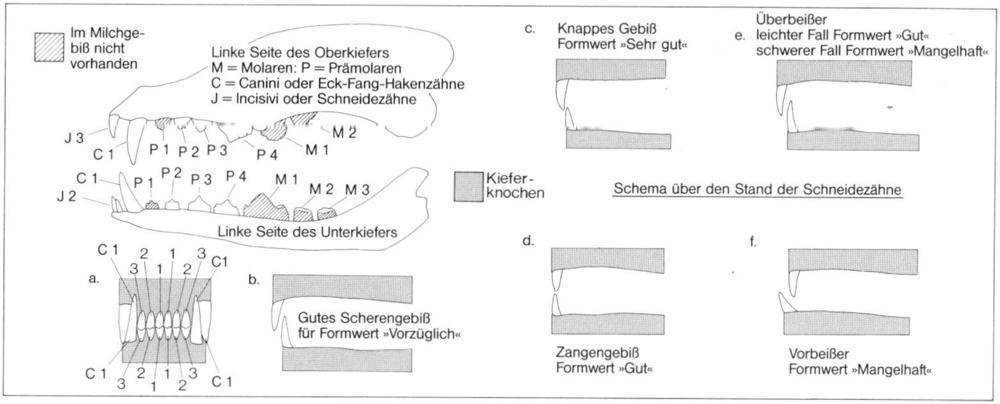

Die Zahnstellung des Hundegebisses.

Augenfarben

Der Standard verlangt dunkle Augen. Bei der Beurteilung der Augenfarbe können je nach Lichteinfall sehr unterschiedliche Eindrücke entstehen. Grundsätzlich sollte gelten, Augenfarben nicht bei direktem Lichteinfall zu beurteilen.

Was man wissen sollte, wenn man einen Schnauzer oder Pinscher erwirbt

Allgemeine Überlegungen

Die Ansprüche die von Liebhabern an Pinscher und Schnauzer gestellt werden, hängen von verschiedenen Überlegungen ab. Für alle jedoch gelten die folgenden Grundforderungen:

Der Hund soll gesund sein, das gilt für Körper und Geist

Hier ist zu bedenken, daß die Ursachen von Gesundheitsstörungen oft weit zurückreichen. Unter Umständen sind sogar einer Rasse über Jahrzehnte körperliche Merkmale angezüchtet worden, die im Gegensatz zur Gesundheit stehen. So seien nur die nach manchen Rassenkennzeichen gewünschten „Kurznasen" erwähnt, die oft Atembeschwerden haben, Läufe, die einer normalen Fortbewegung hinderlich sind, zu große und massige Hunde, denen die häufigste Fortbewegungsart, der Trab, schon außerordentliche Schwierigkeiten macht, oder so kleine Hunde, daß sie nur noch in Herrchens Tragetasche gut zu Fuß sind. Die Menschen haben also manchmal durch unsinnige Standardfestlegungen gesundheitliche Beschwerden vorprogrammiert.

Weiter können bei einzelnen Rassen Beschwerden anderer Art auftreten, die durch falsch verstandene oder fehlende Zuchtauslese verfestigt wurden. Dazu können Gebißanomalien, Augenkrankheiten, Gelenkschäden, Wesensschwächen und vieles andere mehr gehören.

Und auch durch mangelhafte Aufzucht können später noch gesundheitliche Risiken entstehen. Ganz am Ende dieser Liste stehen dann Krankheiten wie Erkältungen, Entzündungen, Verdauungsstörungen, Überanstrengungen, Verhaltensstörungen u. a.

Der Hund soll ungefährlich sein

Wir gehen davon aus, daß der Hund sich allen Familienmitgliedern, vor allem aber den Kindern gegenüber, beherrscht verhält. Auch Besucher sind wie Angehörige zu respektieren, wenn man davon absieht, daß bei fremden Besuchern eine gewisse Distanz wünschenswert ist. Der Hund sollte Besucher weder bedrohen noch angreifen, sich jedoch zurückhaltend und reserviert zeigen. Schnauzer und Pinscher haben diese Eigenschaft von Haus aus, sie entsprechen ihrem Hang nach Selbständigkeit.

Oben links: Zwergschnauzer weiß.
Oben rechts: Kopfstudie Zwergschnauzer schwarzsilber.
Unten: Zwergschnauzer schwarzsilber.

Eine weitere, heute unverzichtbare Eigenschaft

Hunde dürfen durch Lärm oder Schmutz niemanden belästigen. Die wenigsten Menschen ertragen ununterbrochenes Bellen oder Hundegebell zu unpassenden Zeiten. Die Toleranz der Menschen auf unmotiviertes Bellen hängt nicht davon ab, ob sie hundefreundlich oder -feindlich eingestellt sind, Lärm ist für jedermann eine Belästigung. Die von fast allen gewünschte Wachsamkeit steht nicht im Widerspruch dazu.

Die Mehrheit der Bevölkerung respektiert das „Hobby" Hund. Dieses Verständnis zu erhalten und nach Möglichkeit zu verbessern, sollte Aufgabe aller Hundefreunde sein. Jeder muß dafür sorgen, daß Belästigungen durch Lärm und Kot vermieden werden. Geschieht das nicht, verlieren wir das Wohlwollen und letztlich die Duldung der Mehrheit. Über Hundesteuern hinausgehende einschränkende Maßnahmen wären die Folge, während umgekehrt „gutes Benehmen" die erste Voraussetzung für den Abbau der ungerechtfertigten Sondersteuer wäre.

Oben: Deutscher Pinscher schwarz-rot.
Unten links: Kopfstudie Deutscher Pinscher schwarz-rot.
Unten rechts: Kopfstudie Deutscher Pinscher rot.

Gesetzliche Bestimmungen für die Hundehaltung

Das Tierschutzgesetz von 1972 regelt auch die Hundehaltung. In Verordnungen über die Hundehaltung hat der Gesetzgeber die Mindestforderung festgelegt. Danach dürfen Hunde im Freien nur dann angebunden gehalten werden, wenn ihnen im Aufenthaltsbereich ein Schutzraum zur Verfügung steht. Weiterhin muß der Schutzraum allseitig aus wärmedämmendem, gesundheitsunschädlichem Material hergestellt sein. Das Material muß so verarbeitet sein, daß der Hund sich daran nicht verletzen kann. Der Schutzraum muß gegen nachteilige Witterungseinflüsse Schutz bieten, insbesondere darf keine Feuchtigkeit eindringen, und er muß so bemessen sein, daß der Hund sich darin verhaltensgerecht bewegen und den Raum durch seine Körperwärme warmhalten kann. Das Innere des Schutzraumes muß sauber, trocken und ungezieferfrei gehalten werden. Die Öffnung des Schutzraumes muß der Größe des Hundes entsprechen, so daß der Hund ungehindert hindurchgelangen kann und sie muß der Wetterseite abgewandt und gegen Wind und Niederschlag abgeschirmt sein.

Der Aufenthaltsbereich in der engeren Umgebung des Schutzraumes muß saubergehalten werden. Der Boden muß so beschaffen oder angelegt sein, daß Flüssigkeit versickern oder abfließen kann. Bei starker Sonneneinstrahlung und hohen Außentemperaturen muß dem Hund außerhalb des Schutzraumes ein schattiger Platz zur Verfügung stehen.

Hunde dürfen nur mit einem breitem, nicht einschneidenden Halsband oder einem entsprechenden Brustgeschirr angebunden werden.

Die Leine (Kette, Seil oder ähnliches) muß mit zwei drehbaren Wirbeln versehen sein, damit sie sich nicht durch Aufdrehen verkürzen kann. Sie sollte aus einem Material von geringem Eigengewicht und so beschaffen sein, daß der Hund sich nicht verletzen kann. Bei Ketten darf die Drahtstärke der Glieder 3,2 mm nicht überschreiten.

Die Anbindung darf nur an einer mindestens 6 m langen Laufvorrichtung (Laufseil, Laufdraht, Laufstange) angebracht werden. Die Anbindung muß an der Laufvorrichtung frei gleiten können und so bemessen sein, daß sie dem Tier einen zusätzlichen beidseitigen Bewegungsspielraum von mindestens 2,5 m bietet.

Laufvorrichtung und Anbindung sind so anzubringen, daß der Hund seinen Schutzraum ungehindert aufsuchen kann. Im Laufbereich dürfen keine Gegenstände vorhanden sein, die die Bewegung des Hundes behindern oder zu Verletzungen führen können. Kot ist regelmäßig zu entfernen.

Gesetzliche Bestimmungen für eine Zwingerhaltung

Hunde dürfen nur dann in offenen oder teilweise offenen Zwingern gehalten werden, wenn ihnen innerhalb ihres Zwingers oder unmittelbar mit dem Zwinger verbunden ein Schutzraum zur Verfügung steht.

Die Grundfläche des Zwingers muß der Zahl und Art der gehaltenen Hunde angepaßt sein. Die Mindestbreite des Zwingers muß der Körperlänge des Hundes entsprechen. Für einen mittelgroßen, über 20 kg schweren Hund ist eine Grundfläche ohne Schutzraum von mindestens 6 qm erforderlich; für jeden weiteren in demselben Zwinger gehaltenen Hund, ausgenommen Welpen beim Muttertier, sind der Grundfläche 3 qm hinzuzurechnen.

Boden, Einfriedung und die übrige Einrichtung des Zwingers müssen aus gesundheitsunschädlichem Material hergestellt und so verarbeitet sein, daß die Hunde sich nicht verletzen können. Die Einfriedung ist außerdem so anzulegen, daß sie von den Hunden nicht überwunden werden kann. Mindestens eine Stelle des Zwingers muß den Hunden Sicht nach außen ermöglichen. Besteht der Boden des Zwingers nicht aus wärmedämmendem Material, muß außerhalb des Schutzraumes eine wärmedämmende Liegefläche vorhanden sein. Der Boden muß so beschaffen oder angelegt sein, daß Flüssigkeit versickern oder abfließen kann. Das Innere des Zwingers ist sauber, trocken und ungezieferfrei zu halten.

Auch hier muß bei starker Sonneneinstrahlung und hohen Außentemperaturen den Hunden außerhalb des Schutzraumes ein schattiger Platz zur Verfügung stehen.

Hunde dürfen in einem Zwinger nicht angebunden gehalten werden.

Gleichgeschlechtliche geschlechtsreife Hunde, die keinen Kontakt miteinander hatten, dürfen in demselben Zwinger nur unter Kontrolle zusammengebracht werden. Werden Hunde im Zwinger in Einzelboxen gehalten, so muß die Trennvorrichtung der Boxen so beschaffen sein, daß die Hunde sie nicht überwinden und sich nicht beißen können.

Diese Vorschriften gelten sinngemäß für in Festbauweise errichtete Zwinger (Hundehaus). Diese Zwinger müssen darüber hinaus ausreichend von Tageslicht beleuchtet sein. Die Fläche der Öffnungen für das Tageslicht muß mindestens ein Achtel der Bodenfläche betragen. Die Zwinger müssen ausreichend be- und entlüftet werden können. Werden Hunde auf Freianlagen oder in Schuppen, Scheunen, nicht benutzten Lagerhallen oder Räumen gehalten, so muß ihnen ebenfalls ein Schutzraum zur Verfügung stehen. In der warmen Jahreszeit kann anstelle eines Schutzraumes in den genannten Räumen an einem trockenem, zugfreien gegen Boden und Wandkälte abgeschirmten Platz eine Lagerstatt aus wärmedämmendem Material eingerichtet werden.

Wartung und Pflege

Der Besitzer oder derjenige, der mit der Wartung und Pflege des Hundes beauftragt ist, hat sich mindestens einmal täglich von dem Befinden des Hundes, der Beschaffenheit der Unterkunft und bei Anbindung von dem Zustand der Anbindevorrichtung zu überzeugen und Mängel unverzüglich abzustellen.

Futter- und Tränkebehälter sind sauberzuhalten, sie müssen aus gesundheitsunschädlichem Material bestehen und so beschaffen sein, daß der Hund sich an ihnen nicht verletzen kann. Frisches Trinkwasser muß dem Hund jederzeit in ausreichender Menge zur Verfügung stehen.

Hunden, die nachts angebunden oder in Räumlichkeiten gehalten werden, muß täglich mindestens 60 Minuten freier Auslauf gewährt werden.

Es ist verboten: Hunde mit einem Würge- oder Stachelhalsband, tragende Hündinnen vom letzten Drittel der Trächtigkeit ab, säugende Hündinnen oder kranke Hunde angebunden zu halten.

Ebenso ist es verboten, Hunde bei anhaltend nasser Witterung angebunden oder in offenen, nichtüberdachten Zwingern zu halten.

Kauf eines Welpen

Pinscher und Schnauzer (das gilt auch für alle anderen Rassehunde) kauft man beim Züchter, man sollte jedoch auch die in den Tierheimen auf neue Besitzer wartenden Hunde berücksichtigen. Anders ist es mit Hunden von Händlern. Das Risiko, daß die dort angebotenen Hunde krank an Leib und Seele sind, muß niemand eingehen. Wer einen Hund beim Händler kauft, hilft vielleicht, ja rettet vielleicht einen kranken Hund, ermutigt aber auch den Händler, weitere Hunde zu kaufen und anzubieten.

Ganz allgemein sollte der Käufer darauf achten, daß Mutter und Jungtiere vertraut mit dem Züchter sind. Wenn die Hunde vor dem Züchter Angst haben oder sich gar vor ihm verkriechen, ist dies ein Alarmzeichen ebenso wie tränende oder verklebte Augen, mit Schorf behaftete Körperstellen und kahle Hautstellen. In der kälteren Jahreszeit nimmt man den Hund (vor dem Kauf) mit in einen geheizten Raum. Hat der Welpe Ungeziefer, werden ihm die Parasiten sofort zusetzen und er fängt an sich zu kratzen (mit der Unruhe des Welpen bedingt durch die ungewohnt hohe Temperatur hängt dies nicht zusammen). Phlegmatische, sich ständig kratzende oder in ihren Bewegungen behinderte Hunde sollte man möglichst nicht kaufen. Wenn sich die Welpen Fremden gegenüber zurückhalten, bedeutet dies nichts Negatives.

Nicht in Ordnung empfinde ich es, und es wäre ein guter Grund für mich, ohne Hund wieder abzureisen, wenn die Mutterhündin den Besitzer beißen will, wenn er die Jungtiere aus dem Zwinger nimmt. Aggressive Mütter vererben oft diese Eigenschaft oder haben die Welpen schon entsprechend beeinflußt. Dagegen ist es unbedenklich, wenn die aufgeregte Hundemutter fremde Besucher ankläfft.

Bei etwas größeren Würfen würde ich zunächst den größten und kleinsten Welpen außer acht lassen. Die beste Sicherheit, daß der Hund innerhalb der für die jeweilige Rasse festgelegten Maßtoleranzen liegen wird, bieten die mittleren Größen (mittlere Größen der Eltern vorausgesetzt). Mit dem ersten Besuch beim Züchter sollte man mindestens warten, bis die Welpen 6 Wochen alt sind. Eine wichtige Vorentscheidung betrifft selbstverständlich auch das Geschlecht des Hundes.

Hier einige Hinweise für die Auswahl von Welpen der einzelnen Rassen:

Haarstruktur und Haarfarben von Schnauzern

Bei allen Schnauzern soll das Haar straff und möglichst hart, also nicht flusig, sehr lang oder gewellt sein. Vorsicht, wenn einem der Züchter ratzekahl geschorene Hunde vorstellt. Das gilt auch für die Mutter. Zu kurz gehaltenes Haar ist nicht oder nur sehr schwer zu beurteilen. Mutter und Kinder sollten, und hier sind die Züchter angesprochen, frisch zurechtgemacht sein, wenn die neuen Besitzer kommen.

Für alle **schwarzen Schnauzer,** unabhängig von der Größe, gilt: Weiße Flecke sind fehlerhaft; sie kommen zwar selten vor, jedoch meist vorne an der Brust oder an der Brustunterseite. Einzelne, über den ganzen Körper verteilte weiße Haare, sogenannte „Stichelhaare“, sind unbedenklich. Sie verlieren sich in der Regel, bis der Hund ein Jahr alt ist. Graue bzw. pfeffersalz-farbene oder rötliche Haarpartien sind fehlerhaft.

Es gilt für alle **pfeffersalz-farbenen Schnauzer:** Pfeffersalz-farbene Welpen kommen sehr dunkel zur Welt und werden mit zunehmendem Alter heller. Im Alter von 10 Wochen sind die Hunde jedoch noch wesentlich dunkler als später, wenn sie ausgewachsen sein werden. Wenn man auf dem Rücken von der Schwanzwurzel bis zum Widerrist gegen den Strich fährt und durchweg unter der dunklen Oberdecke graue Unterwolle sieht, wird die Farbe in der Regel gut. Häufig sind die Läufe etwas aufgehellt und hinter den Ohren zeigt sich eine leichte Gelbtönung. Auch dies tritt mit zunehmendem Alter mehr und mehr zurück und wird außerdem bei der Beurteilung toleriert.

Auch wenn ein schwarzer Aalstrich bei pfeffersalz-farbigen Welpen ganz lustig aussieht, so wird doch ein Hund mit einer am ganzen Körper gleichmäßigen Pfeffersalzfarbe mit dunkler Maske (Gesichtsausdruck) später auf Ausstellungen besser bewertet werden.

Wichtig ist vor allem, daß man daran denkt, daß die Hunde später insgesamt heller werden.

Bei **schwarzsilbernen Zwergschnauzern** soll die Grundfarbe schwarz sein. Von der Stirn bis zum Rutenansatz schwarzes, hartes Deckhaar und schwarze Unterwolle. Unerwünschte Pfeffersalzfarbe erkennt man in der Regel zuerst an der Außenseite der Ohren, dann an der Stirn, von den Ohren ausgehend über den Nacken zur Schulter hin. Auch an den Läufen zeigt sich pfeffersalz-farben früher als am Körper. Bei Welpen sind die hellen Abzeichen am Kopf, an der Brust, an den Läufen noch nicht so ausgeprägt, das wird mit zunehmendem Alter deutlicher. Ein silbern schimmerndes Weiß ist ideal. Der Kontrast zwischen Schwarz und Silber gibt diesem Hund den besonderen Reiz, daher ja auch sein Name.

Je weißer und rauher das Haarkleid bei den **Zwergschnauzern weiß** ist, um so besser. Da weiße Zwergschnauzer ausschließlich aus schwarzen Zwergschnauzern gezüchtet wurden, gibt es bei ihnen hinsichtlich der Größe keine weiteren Probleme.

Weitere Hinweise zum Kauf von Schnauzern

Zu den pfeffersalz-farbenen Riesenschnauzern ist noch anzumerken, daß auf 100 schwarze Riesenschnauzer etwa 6–8 Riesenschnauzer pfs. kommen und damit die Zuchtbasis wesentlich kleiner ist. Da nach dem zweiten Weltkrieg einige Jahre überhaupt keine pfs. Riesen gezüchtet wurden, wurden einige übergroße pfs. Mittelschnauzerrüden mit Riesenschnauzerhündinnen gepaart. Als positives Ergebnis konnten u. a. bessere Haarqualität und festere Rücken erzielt werden. Negativ war, daß auch zu kleine Hunde vorkamen. Auch nach einigen Generationen gab es, besonders in solchen Würfen, die sowohl vom Vater als auch von der Mutter her Mittelschlagblut führen, noch zu kleine Hunde. Die Züchter haben inzwischen durch die Verwendung besonders großer Tiere bei der Zucht gegengesteuert. Dem Käufer ist derzeit daher zu raten, die größeren Welpen aus einem Wurf zu bevorzugen. Am besten informiert man sich beim jeweiligen Züchter.

Im übrigen stehen die pfs. Riesen den schwarzen Riesen hinsichtlich Gebrauchstüchtigkeit, Ausbildungsfähigkeit und gutem Wesen in nichts nach.

Schnauzer sollten bei aller Deftigkeit mit 10 Wochen sehr wendig und sicher herumspringen. Die Pfoten sollen geschlossen und nicht gespreizt sein. Die Vorderläufe sollen im Stand von allen Seiten gesehen senkrecht stehen und beim Trab von vorn gesehen senkrecht und parallel sein.

Außerdem sollte man dem jungen Hund auch unter den Bauch sehen. Nabelbrüche sind selten, aber wenn ein Nabelbruch da ist, muß er operativ entfernt werden. Übrigens gibt es auch noch den „unechten" Bruch, das ist ein kleiner Fleisch- oder Fettknubbel am Nabel, der unbedenklich ist. Man erkennt den unechten Bruch daran, daß er sich nicht durch ein Loch in der Bauchdecke nach innen drücken läßt.

Bei Rüden sollte sich jeder Käufer selbst überzeugen, daß beide Hoden im Hodensack sichtbar sind. Unabhängig von der Größe des Hundes muß dies der Fall sein – und natürlich an der richtigen Stelle –, wenn der Hund 8 Wochen alt ist. Die richtige Stelle ist ausschließlich der Hodensack.

Ebenso wichtig ist das Gebiß. Bei allen unseren Rassen – außer beim Affenpinscher – stehen die oberen Schneidezähne vor den unteren Schneidezähnen, als sogenanntes „Scherengebiß“, beim Affenpinscher ist es umgekehrt, da stehen die unteren Schneidezähne vor den oberen.

Bei nicht korrekter Stellung der Welpengebisse sind alle Hinweise, daß sich dieser Fehler noch ausgleiche, Mutmaßungen. Es ist schon ärgerlich genug, wenn ein korrektes Milchgebiß festgestellt wurde und das endgültige Gebiß ist dann nicht in Ordnung, wobei dies nur sehr selten vorkommt.

Die Augen sollen dunkel, oval geschnitten und nach vorne gerichtet sein. Das ist nicht leicht zu beurteilen. Dagegen sind besonders helle (hellbraune) Augen deutlich zu erkennen.

An den Hinterläufen dürfen keine sogenannten Wolfskrallen sein. Wolfskrallen sind wesentlich höher angesetzt als die üblichen 4 Zehen. Dagegen ist die 1. Zehe an den Vorderläufen normal. Auch sie ist innen höher angesetzt.

Selbstverständlich müssen die Ohren am Tag der Übernahme abgeheilt sein. Bei unkupierten Ohren soll der Käufer auf gleichmäßige Stellung achten. Bei kupierten Ohren sollen die Schnittkanten unten dicht am Kopf auslaufen. Bei Mittelschlägen ist es so wie bei den Riesenschnauzern, unkupierte Ohren bilden sich fast immer als Kippohren, manchmal auch als Hängeohren aus; unkupierte Stehohren sind bei Mittelschlägen und Riesen selten.

Da schon ein fehlender Zahn bei Riesenschnauzern und Mittelschlägen spätere Bewertungen um eine Note zurücksetzt, sollte man hier die Anzahl der Schneidezähne oben und unten zählen. Es müssen im Milchgebiß wie im späteren Gebiß je sechs sein. Bei geschlossenem Gebiß und angehobenen Lefzen müssen die vier Spitzen der Eckzähne (je zwei oben und unten) zu sehen sein. Bei Abweichungen von der normalen Gebißstellung ist es schon vorgekommen, daß sich die unteren Eckzähne in das Zahnfleisch des Oberkiefers bzw. des vorderen Gaumens bohrten.

Bei Zwergschnauzern werden zur Zeit zwei fehlende Zähne toleriert. Genauer, es können – ausgenommen Eckzähne – insgesamt zwei Zähne fehlen, und der Hund kann, wenn er sonst vorzüglich ist, die höchste Note erhalten. Kein Zuchtrichter wird das Fehlen eines oder zweier Zähne als Begründung für eine Herabsetzung der Note angeben.

Lange und nachgiebige Pfoten hängen unter Umständen mit Kalkmangel zusammen. Die Neigung dazu ist jedoch nach mancherlei Beobachtungen auch vererbbar. Züchter, die bei der Auswahl der Partner darauf geachtet haben, also Deckrüden mit kurzen Pfoten den Vorzug geben, können das bei der Nachzucht unschwer feststellen. Das gilt auch für die Neigung zu langen Zehennägeln.

Bei schwarzen Zwergschnauzern sollte man sich die Hinterläufe gut ansehen. Das gilt für die Wahl des Deckrüden, wie beim Welpenkauf. Faßbeinigkeit ist hier noch etwas mehr verbreitet als bei den anderen Größenschlägen und Farben. Ich setze dabei voraus, daß hinsichtlich der Kniegelenke nur mit einwandfreien Hunden gezüchtet wird.

Bei den Zwergschnauzern schwarzsilber ist die Basis zwar schon wesentlich größer als bei den weißen, aber in

Deutschland und Europa augenblicklich doch noch klein. In den USA und Kanada liegt die obere Größe für Zwergschnauzer mindestens 2 cm höher als bei uns. Da wir die schwarzsilberne Zucht auf der Grundlage dieser Hunde anerkannt haben, gibt es hier noch Größenprobleme. Unser Standard sieht die gleiche Größe wie für schwarz, weiß oder pfeffersalz-farben vor, nämlich 30–35 cm Schulterhöhe. Das ist züchterisch in einigen Generationen zu erreichen. Da wir jedoch erst am Anfang dieser Zucht stehen, haben wir noch verhältnismäßig viele Hunde, die um einige cm zu groß sind. Angesichts der noch kleinen Basis werden sie in der Zucht verwendet und so muß der Käufer, dem es auf die hier gültige Größe bei seinem Hund ankommt, auf diesen Punkt besonders achten. Es wäre daher gut, neben der Mutter auch den Vater zu sehen. Das ist wie bei allen anderen Rassen leider nur selten möglich. 90 % unserer Züchter haben nur Hündinnen.

Keine Sorgen bereiten Schwarzsilberne vom Gesamteindruck her hinsichtlich ausgeglichener Proportionen. Dafür verantwortlich sind u. a. starke, kräftige Knochen der Läufe, kurz auf den Zehen stehende Pfoten, gute Winkelung der Hinterhand und gute Schulter und Rükkenlage.

Anomalien bei Gebissen kommen vor, aber was beim Welpen stimmt, ist in aller Regel auch beim erwachsenen Hund in Ordnung.

Da weiße Zwergschnauzer ausschließlich aus schwarzen Zwergschnauzern gezüchtet wurden, gibt es hinsichtlich der Größe hier nicht mehr Probleme als dort. Nasenspiegel und Zehennägel sollen schwarz sein, jedoch wird lederfarben hier zur Zeit noch toleriert. Zu helle Augen werden nicht toleriert, sie kommen auch kaum vor. Albinos sind von der Zucht ausgeschlossen.

Ein Grundsatz sollte noch besonders beachtet werden; Welpen holt man sich persönlich ab. Wenn sich selbst Kenner dieser Rasse und der Zucht in den einzelnen Ländern das zum Prinzip gemacht haben, um wieviel mehr ist das dann für den Laien notwendig.

Hinweise zum Kauf von Deutschen Pinschern

Deutsche Pinscher liegen in der Größe zwischen dem Dobermann und dem Zwergpinscher. An beide erinnern sie in ihrem Aufbau. Das Ebenmaß eines Dobermann mit dem unverwechselbaren Pinscherkopf sind Zuchtziel.

Unbestechliches Wesen und unerschütterliche Treue zum Herrn lassen ihn Liebhaber in aller Welt finden. In Deutschland werden etwas mehr schwarzrote als rote Deutsche Pinscher gezüchtet.

Den schwarzroten werden alle zweifarbigen, den roten alle einfarbigen zugeordnet. Weiße Flecken oder Abzeichen oder völlig schwarze Hunde ohne Abzeichen sind fehlerhaft. Die vor einigen Jahren noch tolerierten Farbtönungen wie isabell, blau und schokoladenfarbig sind ebenfalls fehlerhaft. Mit Hunden dieser Farbe darf nicht mehr gezüchtet werden, weil nachgewiesen wurde, daß diese Farbgene mit Defektgenen gekoppelt sind. Es kommen also für den Kauf nur Welpen in den beiden Grundfarben, einfarbig Braunrot oder Schwarz mit braunroten Abzeichen in Frage. Ein deutliches Beispiel kennen wir aus der Zwergpinscherzucht, auch hier haben sich diese beiden Grundfarben durchgesetzt.

Entscheidet man sich also für ein einfarbiges Tier (beide Farben können in einem Wurf vorkommen), sucht man sich ein möglichst klares Dunkelbraun bzw. Rot aus. Bei Zweifarbigen (schwarz mit roten Abzeichen an Kopf, Läufen und Brust), sollen die Abzeichen nicht verwaschen wirken, sondern möglichst scharf abgegrenzt sein. Die beiden Abzeichen an der Vorderseite der Brust sollen zwei voneinander getrennte, auf der Spitze stehende Dreiecke bilden.

Vorrang vor Farbe hat die Harmonie des Körperbaus, der Kopftyp und das gute Wesen.

Man sollte darauf achten, daß die Welpen und die Mutter keine kahlen Hautstellen haben. Sogenannte Lederohren und Lederhaut lassen auf Milbenbefall schließen, eine unter Umständen sehr hartnäckige Hautkranheit; in diesem Fall wird man vom Kauf absehen. Und noch ein Hinweis, wer bereits einen Hund besitzt, sollte ihn zum Welpenkauf nicht mitnehmen. Einmal haben Züchter es nicht gern, wenn fremde Hunde mit ihren Jungtieren zusammenkommen, auf der anderen Seite gibt es bessere Gelegenheiten, zwei Hunde aneinander zu gewöhnen, als beim Züchter oder bei der Heimfahrt im Auto.

Hinweise zum Kauf von Zwergpinschern

Was zu den Farben des Deutschen Pinschers gesagt wurde, gilt auch hier. Bevorzugen Sie auch keine Zitterlinge mit dünnen Beinchen und von besonderer Zierlichkeit; der Zwergpinscher mit Zukunft dürfte ein robuster, stämmiger Hund mit 27–29 cm Schulterhöhe (ausgewachsen) sein.

Auch hier sollte man auf kahle Hautstellen achten, bei Glatthaarigen lassen sie sich ja verhältnismäßig leicht feststellen. Das gilt auch für Nabelbrüche und Einhodigkeit oder Hodenlosigkeit bei Rüden. Im Augenblick des Kaufes müssen die Hoden auch bei diesen kleinen Hunden im Hodensack fühlbar sein.

Hinweise zum Kauf von Affenpinschern

Da in Deutschland derzeit nur etwa 20 Tiere je Jahr gezüchtet werden, muß man unter Umständen einige Monate zuwarten. Den typischen Kopfschmuck, das radial vom Kopf abstehende Haar, zeigen die Welpen andeutungsweise. Der Affenpinscher soll ein etwas rundes aber dunkles Auge haben. Das Gebiß soll (nicht zuviel) unten vorbeißen. Auch beim Affenpinscher soll das Haar hart sein wie bei allen unseren Schnauzerrassen. Weiße Abzeichen sind fehlerhaft, jedoch wird eine leichte Grautönung oder Brauntönung später auf Zuchtschauen toleriert. Große Auswahl wird der Käufer in den seltensten Fällen haben, daher empfiehlt sich besonders das Studium der Rassekennzeichen vor dem Kauf und Aufklärung durch den jeweiligen Züchter.

Kauf von älteren Hunden

In der Regel bleibt ein einmal gekaufter Hund bis zu seinem Ende bei seinem ersten Besitzer. Dennoch kommt es vor, daß ein älterer Hund abgegeben wird. Die vom Verkäufer angegebenen Gründe, warum er sich von einem Hund trennen will (oder muß), sind vielfältig. Grundsätzlich gewöhnt sich auch ein älterer Hund, dazu rechne ich in diesem Zusammenhang die Hunde von einem halben Jahr bis 10 Jahren oder etwas älter, an einen neuen Besitzer. Wenn ein Hund wegen eines Todesfalles abgegeben wird, kann man wohl davon ausgehen, daß keine versteckten Mängel der Grund für den Verkauf sind. Ein gutgehaltener Fünfjähriger kann noch 10 Jahre lang ein treuer Begleiter sein.

Wenn man dem Hund ein besseres Zuhause bieten kann als er gewöhnt war, schließt er sich unter Umständen sehr schnell an den neuen Besitzer an.

Wenn darüber auch die Meinung der Hunde sich nicht mit der der Besitzer decken muß, so kann man doch sagen, daß ein Zwingerhund den stärkeren Kontakt zum Menschen dankbar registriert und Abwechslung freudig begrüßen und gern neue Aufgaben übernehmen wird. Und ebenso wird ein Hund, der bei sportlichen Leistungsprüfungen die notwendige Härte vermissen ließ, beim neuen Besitzer Wach- und Schutzaufgaben meist ohne jeden Zwang übernehmen.

Umgekehrt muß sich der neue Besitzer vor dem Kauf, so gut es geht, überzeugen, ob der Hund gesund ist. Gegen ungepflegtes Äußeres, Schmutz, Ungeziefer und Parasiten läßt sich leicht etwas unternehmen, Hautkrankheiten dagegen sind ungleich schwieriger zu beheben. Man sollte einen älteren Hund nur dann kaufen, wenn er sich ohne Schwierigkeiten bewegen kann. Schon mancher Hund wurde unter Vortäuschung anderer Gründe abgegeben, weil er Schäden an den Hüftgelenken oder Kniegelenken hatte. Eine Stunde Bewegung mit dem Hund an der Leine ist also vor dem Kauf anzuraten. Daß Fehler, die den Hund in seinem Wohlbefinden zwar nicht behindern, ihn aber von der Zucht ausschließen, vom Verkäufer verschwiegen werden, kommt vor. Hier sollte man sich eventuell die Schaubewertungen zeigen lassen. Wer nicht züchten will, sollte bedenken, daß ein Vorbeißer, ein paar fehlende Zähne, weiße Flecken, Ober- oder Untergrößen den Gebrauchswert nicht beeinträchtigen. Je älter der Hund wird, um so wichtiger ist für das Zusammenleben mit dem Menschen sein Wesen.

Ein schriftlicher Kaufvertrag sollte das Rückgaberecht bei nachträglich erkannten Fehlern oder Krankheiten regeln.

Der ältere Hund braucht Zeit, bis er sich an den neuen Besitzer gewöhnt hat, bis er ihm gehorcht und bis er in einer neuen Wohnung sauber ist. Er geht so lange an der Leine oder kommt in einen ausbruchsicheren Auslauf, bis man sicher sein kann, daß er auch in entscheidenden Situationen bedingungslos gehorcht.

Haltung und Pflege

Das Lager

Es muß trocken, warm und zugfrei sein. Daß dazu noch frische Luft und genügend Licht gehören, dürfte ebenso verständlich sein. Eine selbstgebaute Kiste wird in den Zwingeranlagen die Regel sein. Es ist darauf zu achten, daß der Boden gut isoliert ist und einen kleinen Luftzwischenraum durch Stützfüße oder Latten hat. Der Hund muß sich auf seinem Lager lang ausstrecken können.

Die Skizze nebenan zeigt den Plan für eine Kiste, die für einen Mittelschnauzer gedacht ist. Die Ziffern in Klammern beziehen sich auf die Ausmaße von Kisten für Riesenschnauzern.

Die Kiste sollte aus glattem Holz und ungestrichen sein, da manche Farben nicht giftfrei sind. Wenn die Kiste gereinigt werden muß, genügen heißes Wasser und eine harte Bürste. Kein Desinfektionsmittel verwenden, da es für Welpen höchst gefährlich sein kann. Die Kiste sollte beim Reinigen von oben zu öffnen sein. Wenn man eine Tür anbringt, hängt man sie zweckmäßig oben in Scharnieren auf, damit der Hund sie von innen oder außen selbst aufstoßen kann. Die geeignete Unterlage ist Stroh. Hat die Kiste oder Hütte keine Tür, sollte die Öffnung entgegengesetzt der Wetterseite sein, damit kein Regen eindringen kann. Am besten sind immer solche Schlafkisten, die vor dem eigentlichen Schlafraum noch einen Vorraum haben.

Für die Wohnung haben sich in den letzten Jahren stoffbezogene Schaumgummikörbe bewährt. Sie sind warm und bequem und der Bezug läßt sich schnell waschen oder wechseln. Weidenkörbe sind zwar ebenfalls gut geeignet, werden aber gern von jungen Hunden angeknabbert.

Wenn ein junger Hund ins Haus kommt, sollte er in einem Raum untergebracht werden, der keine Teppichböden hat, ein junger Hund ist in den wenigsten Fällen sofort stubenrein. Ein Raum mit abwaschbarem Boden ist dann geeigneter. Hunde halten sich gern in der Küche auf, weil die Hausfrau dort zu tun hat.

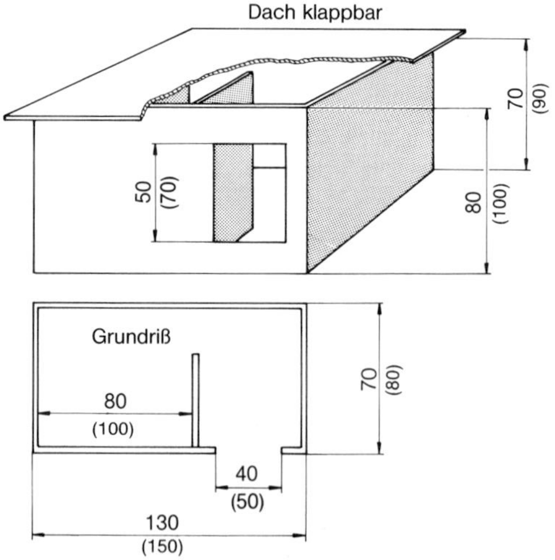

Hundehütte, in der Größe passend für Mittelschnauzer (Maßangaben in cm). ( ) = Maße für Riesenschnauzer.

Die Unterbringung in einer Garage dagegen ist wegen der Dünste von Benzin und Auto nicht zu empfehlen.

Auch ein großer Hund, der außerhalb des Hauses gehalten wird, sollte regelmäßig ins Haus geholt werden. Er braucht den Kontakt zu seiner Familie, für das gegenseitige Verstehen ist das unerläßlich.

Zwinger, Auslauf

Die gesetzlich vorgeschriebenen Haltungsbedingungen wurden bereits im vorigen Kapitel erwähnt. Dies sind in jedem Fall Mindestforderungen, die jedoch als Dauerlösung nicht ausreichen. Ein größerer Hund, der ständig auf so engem Raum leben müßte, wäre ein armer Hund!

Wenn man von einem großen Hund ausgeht, und auch der Mittelschlag zählt bereits dazu, so braucht er viel mehr Platz! Ich persönlich halte einen für den Hund jederzeit zugänglichen zusätzlichen Auslauf von wenigstens 14 qm für erforderlich. Das wetterfeste Lager muß auch gewährleisten, daß es der Hund darin warm hat und er ausgestreckt liegen kann. Es muß leicht sauber gemacht werden können. Der übrige Zwingerraum sollte überdacht sein und an zwei Seiten feste Wände haben. Mindestens eine Seite sollte dem Hund einen Ausblick ermöglichen. Darüber hinaus muß man den Hund jeden Tag ausführen, sei es zum Sport, zum Spazierengehen oder zur freien Bewegung in Hof und Garten oder in der Wohnung des Besitzers.

Der tägliche persönliche Kontakt mit seinem Besitzer und dessen Familie ist überaus wichtig für den Hund. Der beste und modernste Zwinger hat keinen Sinn, wenn der Hund sich darin allein überlassen ist; Hunde sind Rudeltiere und brauchen Gesellschaft. Die Kettenhunde früherer Zeiten waren zu bedauern, aber sie waren dennoch nicht isoliert, jedes Fuhrwerk, das auf den Hof kam, ein jeder, Knechte und Mägde, gingen vorbei und sprachen ihn an. Langeweile hatte so ein Kettenhund unter Umständen weniger als mancher Hund in einem blitzblanken, „modernen“ Zwinger.

Fütterung

Junge Hunde sollen mehrmals täglich, ausgewachsene Hunde 2–3mal täglich gefüttert werden. Mittags eine Hauptmahlzeit, morgens und abends weniger, oder, wenn der Hund zur Fülle neigt, sehr wenig oder nichts. Auch Hunde lieben Abwechslung, frisches Fleisch, Pansen, auch mal ungewaschen, werden gern genommen. Fleisch mit Reis und Gemüse gekocht ist immer gut. Auch Fisch mögen viele Hunde sehr gern. Hat man mehrere Hunde, muß man darauf achten, daß keiner zu kurz kommt oder einer zuviel nimmt. Fertigfutter hat viele Vorteile, vor allem, daß es ausgeglichen ist und die nötigen Vitamine und Mineralien enthält.

Wichtig ist auch, daß dem Hund jederzeit Trinkwasser zur Verfügung steht. Im Winter ist das Wasser im Napf vor Frost zu schützen. Hunde, die Trockenfutter erhalten, nehmen mehr Wasser auf, es empfiehlt sich daher, das Trockenfutter einzuweichen, damit der Hund sich später nicht den Magen mit Wasser überfüllt. Noch etwas: Das Futter sollte nie direkt aus dem Kühlschrank kommen. Auch sollte niemals Fleisch von zweifelhafter

Herkunft gegeben werden, dagegen ist das im Handel befindliche Fleisch tierärztlich überwacht und daher unbedenklich. Innereien sollte man nur gekocht verfüttern.

Gewarnt sei auch vor rohem Schweinefleisch. Wenn überhaupt Schweinefleisch verfüttert wird, dann auf jeden Fall nur völlig durchgekocht, da Schweine Träger von Viren der Aujetzkyschen Krankheit sein können, die Hunde und Katzen befallen kann. Für diese Krankheit gibt es noch kein Gegenmittel, sie endet immer tödlich.

Auch Knochen sind kein Futter, sondern höchstens ein Zeitvertreib. Es gehört dazu, daß junge Hunde gelegentlich einen Knochen ablecken, aber es ist doch eben mehr Spielerei als „Futteraufnahme". Auf keinen Fall darf man dem Hund harte, splitternde Knochen geben. Geflügelknochen kommen also überhaupt nicht in Frage, Rinderknochen sind zu hart, eher eignet sich ein Kalbsfuß zum Spielen und Knabbern. Auch bei den vielgepriesenen „Kauknochen" ist meiner Ansicht nach Vorsicht geboten, verschluckt der Hund große Stücke davon, kann es Komplikationen geben.

Bei Fertigfutter, das für Urlaub und unterwegs ideal ist, muß man bedenken, daß im Dosenfutter entsprechend Wasser mitenthalten ist, während dem Trockenfutter fast alle Flüssigkeit entzogen ist, die der Hund dann eben selbst „nachfüllen" muß.

Unsere eigenen Hunde mögen gerne Fleisch mit Reis oder Flocken und Gemüse als Mittagessen. Morgens gibt es einen kleinen Hundekuchen, abends ebenfalls, oder morgens ein Stückchen Butterbrot mit Leberwurst oder auch Käse.

Da wir Zwergschnauzer haben, gibt es für sie mittags gelegentlich auch ein Omelett, bei den größeren Rassen ist das schlecht möglich. Beliebt sind zum Fleisch auch Reste von Kartoffelpüree mit etwas Gemüse, die dann für alle Hunde aufgeteilt werden. Auf keinen Fall soll man Hunde nur mit Resten vom Mittagstisch füttern, und insbesondere darf das Futter keine scharf gewürzten Soßen enthalten. Ein bißchen Salz kann man dem Futter aber durchaus beigeben.

Bei alten Hunden muß man das Futter anders dosieren, alte Hunde haben nicht mehr soviel Bewegungsdrang, sie sind ruhiger und brauchen daher naturgemäß weniger. Man darf zwar an der Menge sparen, nicht jedoch am Gehalt der Nahrung. Alte Hunde brauchen eine ausgewogene eiweißreiche Nahrung. Sollte es mal zu einer Magenverstimmung kommen oder mit der Verdauung nicht klappen, kann man Dosenfutter geben, das ja durch die Zubereitung praktisch schon etwas „vorverdaut" ist. Unsere eigenen Hunde bekommen vorwiegend selbstzubereitetes Futter, aber auch mal, wenn die Zeit knapp ist, Fertigfutter. Wenn man mit dem Hund unterwegs ist, sollte man am besten erst am Zielort füttern und ihm unterwegs bei der notwendigen Rast nur etwas Wasser anbieten. Es gibt aber auch Hunde, die das Autofahren besser vertragen, wenn sie morgens ein Häppchen Futter bekommen haben.

Körperpflege und Trimmen

Zum gepflegten Hund gehört neben der richtigen Ernährung Sauberkeit und damit verbunden Körperpflege.

Ein Schnauzer gilt nicht nur dann als gepflegt, wenn er frisch zurechtgemacht ist. Da das Haarkleid ständig nachwächst, gibt es zwischen „frisch zurechtgemacht“ und dem nächsten fälligen Gang zum „Haarpfleger“ zwangsläufig Unterschiede. Ich habe volles Verständnis dafür, daß viele Besitzer ihren gerade zurechtgemachten Schnauzer oder Affenpinscher gar nicht so schön finden und immer ein wenig zögern, das gepflegte Alltagskleid gegen ein unter Umständen noch zu kurzes und noch nicht gut gefärbtes Sonntagskleid einzutauschen. Als Beispiel dazu ein Bild von einem unserer Zwergschnauzer, wie wir ihn die meiste Zeit sehen, und darunter das Bild eines anderen Hundes etwa 14 Tage nach dem Zurechtmachen. Doch irgendwann wird der Kopf und das Körperhaar des Hundes auf dem ersten Bild anfangen, ungepflegt zu wirken. Was dann zu tun ist und was allgemein bei der Pflege von Schnauzern beachtet werden muß, erfährt man in den folgenden Abschnitten.

Zwergpinscher und Deutsche Pinscher

Sie sind zwar „pflegeleicht“, aber das Haar muß regelmäßig mit einer nicht zu harten Bürste durchgebürstet werden. Das tote Unterhaar kann man auch mit einem Staubkamm oder mit einer Gummibürste (s. Abbildung Seite 68) oder mit einem Handschuh, der mäßig harte Borsten hat, entfernen. Von Handschuhen mit Stahlborsten ist abzuraten, die Gefahr einer Hautverletzung ist zu groß. Kurzum, das Haar soll glänzend und anliegend sein. Kahle Stellen deuten auf Krankheiten oder Parasiten hin.

Vor und nach dem Zurechtmachen.

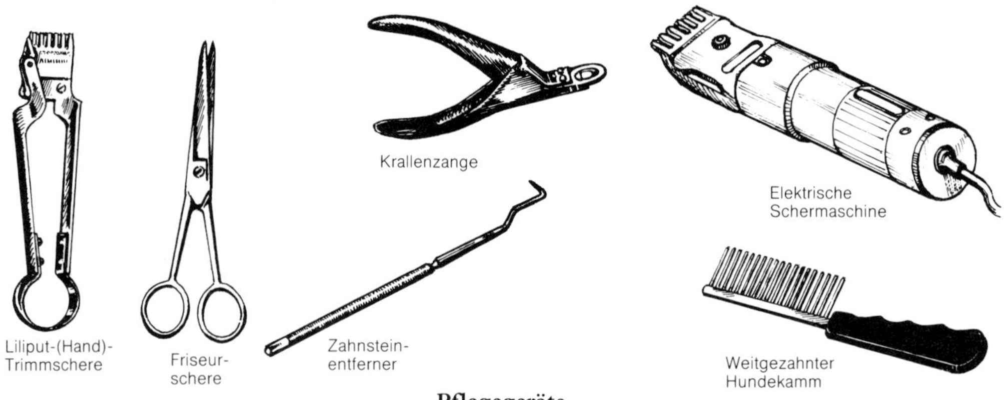

Pflegegeräte.

Die Augenwinkel müssen von Sekret und Verkrustungen befreit werden. Bei Augenentzündungen sollte man nicht dasselbe Läppchen für beide Augen verwenden. In die Ohren sollte man ab und zu hineinriechen. Entzündungen sind bei Pinschern und Schnauzern zwar selten, aber wenn sie vorkommen, machen sie sich meist durch üblen Geruch bemerkbar. Bei Verdacht auf Ohrenentzündungen sofort zum Tierarzt.

Die manchmal zu langen Zehennägel kommen bei Pinschern wie auch bei Schnauzern vor. Die Krallenzange auf der Abbildung oben ist geeignet, um Nägel zu kürzen.

Unseren eigenen Hunden kürze ich die Krallen weder vor noch nach dem Trimmen. Das wird in einer eigenen Aktion und auch nicht im gleichen Raum, in dem getrimmt wird, erledigt; da die meisten Hunde das Krallenschneiden nicht gern haben, wären sie sonst beim Zurechtmachen unruhig. Das Kürzen muß sehr vorsichtig erfolgen, wobei es darauf ankommt, den in der Kralle befindlichen Nerv nicht zu verletzen, da ein zu tiefer Schnitt zu einer Blutung führt und schmerzt. Manche Hunde werden sich dann gegen das Krallenschneiden künftig wehren.

Wenn der Hund auf dem Tisch steht, sollte man ihm auch ins Maul schauen. Meist stellt man dabei Zahnstein an den langen Hakenzähnen fest, den man selbst

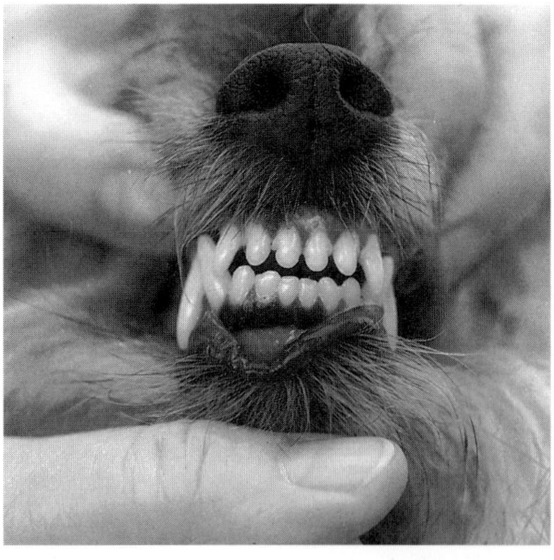

Kontrolle der Schneidezähne (Anzahl, Pflegezustand, Stellung).

entfernen kann. Mit einem ca. 15 cm langen, schräggefeilten Edelstahlrundstab von 5 mm Durchmesser bereitet dies keine besonderen Schwierigkeiten. Oft läßt sich Zahnstein auch mit dem Daumennagel ablösen, wenn man regelmäßig und rechtzeitig nach den Zähnen schaut. Kommt man nicht zurecht, sollte man gelegentlich den Tierarzt aufsuchen. Eine genaue Gebißkontrolle (siehe dazu die Abbildung links unten) ist auch schon deshalb notwendig, damit eventuelle Schäden oder sonstige Veränderungen rechtzeitig bemerkt werden.

Das Ausbürsten des Fells oder das Trimmen ist ebenfalls eine gute Gelegenheit, um auf Flöhe oder sonstiges Ungeziefer zu achten. Ein entdeckter Floh ist bei den heutigen Mitteln wie Flohpuder oder -spray ein toter Floh. Wichtig ist nur, daß Trimmplatz und Schlafplatz ebenfalls mit Flohpuder eingestäubt werden. Wenn man mehrere Hunde hat, müssen sie alle der gleichen Prozedur unterzogen werden.

Beim Trimmen werden weiterhin ganz zwangsläufig Verletzungen und Hautschäden entdeckt. Das Bürsten und Trimmen ist darum immer eine kleine Inspektion, so sollte es zumindest sein.

Schnauzer

Nun zum Zurechtmachen unserer Schnauzer.

Zum Trimmen benötigt man einen Raum mit viel Licht, einen Tisch und einen Stuhl. Die Tischplatte wird zweckmäßig mit einer Gummiplatte belegt, die Hunde stehen dann sicherer. Die Unterteile alter Zahnarztstühle werden gern mit einer Tischplatte versehen, so daß der Trimmer sich die Tischhöhe über Hydraulik jeweils am günstigsten einstellen kann.

Der Trimmer ist verantwortlich dafür, daß der Hund nicht vom Tisch springt; wenn die Tür des Raumes geschlossen ist, springt ein Hund nicht so leicht. Schon mancher Hund hat sich beim plötzlichen Sprung vom Tisch verletzt.

Das Trimmwerkzeug besteht aus Kamm, Messer, Schere und Haarmaschine. Für den Anfänger reicht eine preiswerte Garnitur aus, wie sie auf Seite 68 abgebildet ist.

Beim **Kamm** sollten die Zähne aus eingelöteten runden Zinken bestehen und je nach Größe des Hundes etwas enger oder weiter stehen. Ich nehme den abgebildeten Kamm sowohl für Zwerge als auch für Riesen.

Das **Trimmesser** sollte gut in der Hand liegen. Es kommt nach meiner Erfahrung nicht so sehr auf grobe oder feine Zacken an, sondern eher auf die richtige Handhabung und Übung; jedem liegt ein Werkzeug anders in der Hand. Statt eines Trimmessers kann man auch Daumen und Zeigefinger nehmen. Arbeitet man mit dem Trimmesser, ersetzt das Trimmmesser den Zeigefinger. Man sollte es nicht wie einen Kamm benutzen, da die scharfen Zähne die Haut verletzen können, auch bei einem Riesenschnauzer.

Die **Schere** sollte – besonders beim Anfänger – vorn abgerundet sein. Beim Hantieren am Kopf muß sie so gehalten werden, daß die Scherenspitzen dem Hund nicht in die Augen dringen können, wenn er den Kopf bewegt. Oftmals ist daher ein zweiter Helfer notwendig. Zum Haarschneiden muß eine Schere nicht rasiermesserscharf sein. Auch mit einer schon etwas stumpferen Schere lassen sich die Haare noch ganz gut schneiden, und man schneidet dann nicht gleich tief in die Haut, solange man noch etwas ungeschickt ist.

Die **Haarmaschinen** von Hand sind unverwüstlich, das kleine Messer ist leicht nachgeschliffen. Bei der Handhabung ist darauf zu achten, daß der Schnitt mit einer leichten Vorwärtsbewegung und das Zurückgleiten des Messers nach Zurückziehen der Handmaschine erfolgen muß.

Die Abbildung auf Seite 68 zeigt auch die etwas aufwendigere Ausrüstung mit einer elektrischen Maschine. Zu beachten ist, daß die Schneiden der elektrischen Haarmaschine immer leicht geölt sind, ebenso muß das Hebelwerk unter der zweiten Schraube mit Fett versehen werden.

Man sollte sich nicht die leichteste Ausführung kaufen, weil sonst die Maschine beim Arbeiten zu heiß laufen kann. Mehrere Scherköpfe und Plastikvorstecker vervollständigen die Ausrüstung. Für die Erstausrüstung würde ich einen 3-mm-Scherkopf und einen 10-mm-Plastikvorstecker empfehlen.

Grundsätzliches über das Trimmen

Schon ein Welpe von 5–6 Wochen gehört auf den Tisch. Bei ihm kommt es allerdings weniger auf sein Aussehen an, als vielmehr an die Gewöhnung in einer wichtigen Prägungsphase. Bei solchen frühzeitig an das Trimmen gewöhnten Hunden wird man später weder Angst noch Aggressivität feststellen. Auch wenn die Mehrheit der Hunde über das Trimmen nicht gerade erfreut ist, sie nehmen es dennoch hin. Schnauzer werden etwa 3–4mal im Jahr hergerichtet, wobei die Jahreszeit kaum eine Rolle spielt, da es dabei ja nicht um einen Kurzhaarschnitt geht; das Körperhaar muß immer so lang bleiben, daß ausreichender Schutz gegen Sonne und Kälte gewährleistet ist. Um ein Maß zu nennen: 15 mm Haarlänge beim Zwerg- und ca. 20 mm beim Riesenschnauzer sind bereits zu kurz.

Leider haben nicht alle unsere Hunde den gewünschten Haaraufbau. Vornehmlich den schwarzen Schlägen fehlt es an Unterwolle. Das ist auch der Grund dafür, warum die schwarzen Schnauzer problemloser geschoren werden können. Bei wenig Unterwolle müssen die Grannen länger bleiben. Die Züchter sollten bei den Zuchthunden noch mehr auf den Haaraufbau achten, wie er im „Standard“ vorgeschrieben ist.

Genaugenommen sollte ein Hund immer nur dann hergerichtet werden, wenn sein Haar „reif“ ist, also bei einsetzendem natürlichen Haarwechsel. Herrichten oder trimmen ist das Komprimieren des natürlichen Haarwechsels auf ½ bis 1 Stunde. All das lose und tote Haar, das man beim Trimmen entfernt, muß später nicht mühselig mit dem Staubsauger aus den Teppichen entfernt werden. So mancher, der keinen Hund haben will, der getrimmt werden muß, weiß nicht, wie an-

Oben links: Kopfstudie Zwergpinscher rot.
Oben rechts: Kopfstudie Zwergpinscher schwarz-rot.
Unten: Zwergpinscher rot.

genehm sich das Trimmen der Hunde auswirkt.

Die Zuchtrichter unterscheiden auf Schauen sehr deutlich zwischen gepflegt und ungepflegt, ein Kriterium, das auch bei der Urteilsfindung nicht unwichtig ist. Ein Hund mit etwas längerem Haarkleid wird übrigens keineswegs in die Kategorie „ungepflegt" eingestuft, da gibt es sehr viel vorrangigere Urteilskriterien auf Zuchtschauen.

Das Trimmen im einzelnen

Kopf

Jeder gewöhnt sich eine eigene Arbeitsweise an. Ich beginne mit der Haarmaschine (mit 3-mm-Scherkopf) am Kopf zu schneiden, zunächst vom unteren Ohransatz die Backen bis zu den Augenwinkeln. Bei den Pfeffersalz-farbigen nimmt man dabei in Kauf, daß die Backen geschoren aussehen. Wenn der Hund für eine Zuchtschau zurechtgemacht werden soll, muß das also je nach Haarqualität 2–4 Wochen vor der Schau erfolgen. Hat der Hund einen etwas kräftigen Oberkopf und bilden die Linien von den Ohransätzen bis zu den Augenwinkeln keine Parallele, muß man von den Ohransätzen aus parallel nach vorn schneiden, die äußeren Augenwinkel liegen dann etwas mehr innen. Ein Schnauzerkopf soll nicht lang und schmal sein. Unter einem gestreckten Kopf, der typisch ist, versteht man Proportionen wie bei einem Kommißbrot, die Breite paßt zweimal auf die Länge. Die Züchter, die „gestreckt" mit „schmal" verwechselt haben, bringen untypische Köpfe heraus, wie sie eher beim Terrier erwünscht sind.

Oben und unten: Das reichhaltige, radial abstehende Kopfhaar verleiht dem Affenpinscher seinen typischen Ausdruck.

Das Robuste der Schnauzer soll auch in ihren Kopfproportionen zum Ausdruck kommen. Hat ein Hund einen etwas schmaleren Kopf, wird der geschickte Trimmer das Haar eben nicht bis auf 3 mm kürzen, sondern versuchen, durch etwas längeres Haar das „Kommißbrot" anzusteuern.

Der Bart darf unter den Augen nicht eingeschnürt werden. Auch hier wieder das Beispiel mit dem Kommißbrot: Bis zur Nasenspitze muß dann der Schnurrbart die gewünschten Linien bringen. Wenn auch der Schnauzbart nach vorn hin etwas keilförmig und sehr viel deutlicher nach unten auseinanderstreben soll, sogenannte „Ziegenbärte" sind ebensowenig ideal. Zuviel üppiger Bart deutet zwar nicht unbedingt auf weiches Haar hin, beileibe nicht, aber der überbetonte Bart gibt dem Kopf ein unharmonisches Übergewicht. Also nicht: je länger, desto besser. Das gilt auch für die Augenbrauen. Von den Augenwinkeln ab keilförmig nach vorn beschnitten (mit der vorn abgerundeten Schere). Die Augenbrauen sollen auch nicht schon in Stirnmitte anfangen, dadurch würde die Stirn zu kurz aussehen.

Der Schädel und der Nasenrücken müssen nach dem Standard etwa gleichlang sein. Der Trimmer sollte also möglichst deutlich machen, daß der Kopf diesen beiden Standardforderungen gerecht wird. Im Hinblick auf den Nasenrücken wird daher der Trimmer auch nicht die Maschine zwischen den Ohren ansetzen, sondern sehr vorsichtig – ob mit oder gegen den Strich – die Parallelität von Oberkopf und Nasenrücken zu betonen suchen. Das alles bei ausreichend langem Kopfhaar, das harmonisch und ohne Absätze in den geschwungenen Nacken übergehen soll.

Die Ohren befreit man am besten mit einem 1-mm-Scherkopf vom Haar in den Muscheln, also hier so kurz wie möglich. Außen, auf den einanderzugekehrten Seiten der Ohren, dürfen sie zwar kürzer als am Kopf sein, aber eben kein „Rasierschnitt" wie innen. Die Außenkanten des unkupierten Ohres werden mit der Schere in einem Zuge beschnitten, das gilt auch für die Schnittkanten des kupierten Ohres.

Das Haar am Hals wird gegen den Strich von der Vorderbrust her bis oberhalb des Kehlkopfes mit der Haarmaschine kurz gehalten (3–5 mm). Die Unterkante des Bartes schneide ich etwa entlang der Linie, die ich mit einem Strich bei der Abbildung oben angedeutet habe.

Auf die Bewertung würden solche Details im übrigen, so meine ich, keinen großen Einfluß haben dürfen.

Hals

Das Haar soll ohne erkennbare Absätze fließend vom Oberkopf in den Nacken zum Widerrist übergehen. An dieser Stelle möchte ich betonen, daß beim richtigen Trimmtermin unter dem reifen Haarkleid das neue Haarkleid in seiner ganzen Pracht schon verborgen ist, man muß es nur offenlegen. Das bedeutet, daß ein erfahrener Trimmer auch einen Pfeffersalz-

Schnitt der Unterkante des Bartes.

farbenen unter Umständen einen Tag vor einer Zuchtschau noch zurechtmachen kann (bei den schwarzen ist das ohnehin etwas leichter).

Das Haar am Hals wird an den Seiten bis zu den typischen Kragenwirbeln hin kurzgehalten. Das macht man zweckmäßig mit der Maschine. Alle Übergänge zu längerem Haar müssen fließend sein. Am besten erreicht man dies mit dem Trimmmesser oder aber mit dem 3-mm-Scherkopf mit dem Strich geschnitten. Übrigens: trimmen darf man nie gegen den Strich.

Die Front wird wie die Halsunterseite mit der Maschine kurzgehalten (5–10 mm). Hier muß man aufpassen, daß nicht die Haut durchscheint. Den Kopf, den Hals und die Front schneide ich gern zuerst, weil die meisten Hunde zunächst ruhiger sind und später mit zunehmender Ungeduld unruhiger werden. Ist ein Hund schon von Anfang an zappelig, beginne ich manchmal auch mit anderen

Körperteilen. Wichtig ist, daß man am Kopf wegen der Verletzungsgefahr möglichst ohne „Gehampele“ arbeiten kann.

Hose (Rückseite)

Von den Pfoten bis zum Sprunggelenk kann das Haar mit der Maschine (3 mm) gekürzt werden. Die Hinterbacken bis zum After werden ebenfalls kurzgehalten. Sofern dies nur auf Kosten der Farbe möglich ist, muß es rechtzeitig vor einer Schau erfolgen (2–4 Wochen vorher). Das Haarwerk am After wird kurzgehalten. Kotverklebungen, die ja bei vielen Hunderassen möglich sind, werden dadurch vermieden.

Rücken und Rumpf

Mehr als bei anderen Körperteilen kommt es hier darauf an, das neue Haarkleid, das unter dem reifen Haar schon fertig entwickelt ist, an die Oberfläche zu bringen. Dafür gibt es viele Rezepte. Wichtig ist, daß das Haar am Ende der Prozedur in voller Pracht, drahtig mit Deckhaar und natürlicher Länge, gut zu erkennen ist. Beim idealen Haarkleid ist das ohnehin kein Problem. Man kann die „Flusen“ mit der Maschine (3- bis 7-mm-Scherkopf mit 10-mm-Vorstecker) gegen den Strich wegnehmen. Aufpassen muß man dabei allerdings, daß man in das fertige Haarkleid darunter keine „Macken“ schneidet. Also an den Oberschenkeln anfangen und von den Seiten her zum Rücken und Hals das überflüssige Haar wegnehmen.

Das gleiche Ziel, aber mit mehr Kraft und mehr Zeitaufwand erreicht man mit dem klassischen Trimmen, dem Auszupfen des Haares mit Daumen und Zeigefinger. Dies ist die sichere Methode und es macht Freude zu sehen, wie unter der Hand der Sonntagsanzug sichtbar wird.

Bauch, Brust und Lenden

Den Bauch und die Innenseiten der Oberschenkel befreit man am besten mit der Haarmaschine (3 mm) von überflüssigem Haar. Mit Auszupfen ist da wenig zu erreichen, es würde dem Hund nur wehtun. Je nach Größe und Länge der Brustwarzen muß man mehr oder weniger achtgeben, daß es nicht zu Verletzungen kommt. Auch bei den Hautfalten der Lenden, da wo die Oberschenkel in die Bauchlinie übergehen, ist Vorsicht am Platze. Hat der Hund eine tiefe Brust, sollte man an der Unterseite der Brust nur so wenig Haar stehen lassen, daß die Unterlinie harmonisch in die Vorbrust übergeht. Sonst sieht dies besonders bei jungen Hunden mit schon ausgeprägter Brust, aber noch wenig ausgeprägten Flanken und aufgezogenem Bauch unharmonisch aus, der Hund hat denn gewissermaßen vorn Übergewicht und die Vorderläufe wirken zu kurz.

Rücken, Nacken und Seiten

Bei einem Hund, dessen Haarstruktur mir noch nicht genau bekannt ist, nehme ich mir den Rücken zuletzt vor, da das Haar des Rumpfes letztlich über den Erfolg aller Bemühungen entscheidet. Hier werden, besonders bei den Pfeffersalz-farbenen, die meisten Fehler gemacht. Hat man erst die Grannen weggeschnitten oder durch forsches Trimmen weggenommen, so muß man einige Wochen warten, bis alles wieder nachgewachsen ist. Und ein Problem ist es auch, die richtige Farbe zu erwischen. Jedes einzelne Haar besteht ja abwechselnd aus einem schwarzen, einem hellen und einem schwarzen Teil, so daß man, je nachdem, welche Schicht man beim Scheren erwischt, einen hellen oder dunklen Hund erhält. Bei pfeffersalz kann man unter Umständen nur an den Brustseiten mit der Maschine (3- bis 7-mm-Scherkopf mit 10-mm-Vorstecker) arbeiten, weil unter dem Deckhaar des Rückens nur sehr dunkles oder helles Unterhaar zu sehen ist. Hier muß dann das Rückenhaar mit dem Trimmesser bearbeitet und sorgfältig mit dem gleichen Werkzeug die Übergänge beigeputzt werden.

Jeder Besitzer sammelt im Laufe der Zeit die Erfahrung, wie lange vor einer Schau sein Hund zurechtgemacht werden muß. Wenn dies schon einige Wochen zuvor notwendig ist und sich der genaue Zeitpunkt dann schwer festlegen läßt, sollte man ein paar Tage vor der Schau nachputzen. Die Übergänge von der Stirn bis in den Nacken und zum Rücken wie an den Halsseiten lassen sich mit dem 3-mm-Scherkopf mit dem Strich gut erreichen. Ist also bis zur Schau noch genügend Zeit, sollte man den Hund nach der klassischen Methode trimmen und zupfen. Das erfolgt heute so, daß man das Haar mit 3- bis 7-mm-Scherkopf und Vorstecker gegen den Strich ansetzend wegnimmt; durch Anheben des Hinterteiles der Maschine kann man das Haar dabei auch länger als 2 cm halten. Danach werden dann durch das Trimmen mit Kamm, Gummibürste oder Trimmesser die tote Unterwolle herausgeholt und die Übergänge gemacht. Wie schon erwähnt, soll man dabei das Trimmesser nicht oder nur sehr vorsichtig als Kamm benutzen.

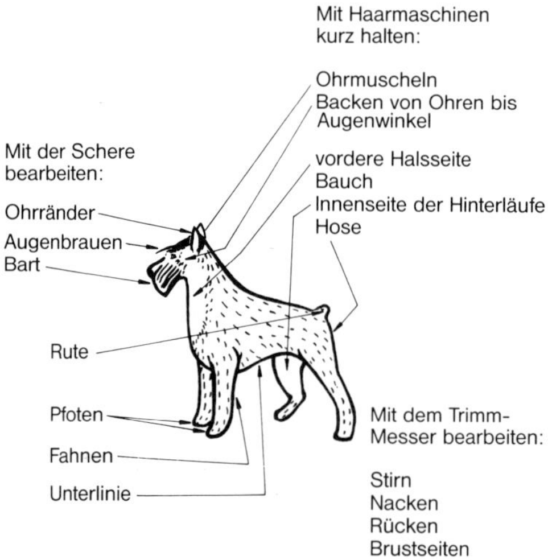

Kurze Trimmanleitung für Schnauzer.

Läufe, Pfoten und Schultern

Die Schnauzer sollen auf kräftigen Läufen stehen, daher werden die Vorderläufe nicht mit der Haarmaschine bearbeitet. Die Pfoten werden mit der Schere besäumt, die Zehennägel können vorne sichtbar sein. Die Fahnen an den Rückseiten der Läufe werden mit der Schere kurzgehalten. Zwischen dem Schulterblatt und dem Oberarm sollen (von vorne gesehen) keine Absätze sein.

Die Hinterläufe kann man mit der Maschine (3 mm) an der Hinterseite von den Fußballen bis zu den Sprunggelenken bearbeiten. Von den Bollen bis zu den Sprunggelenken kann man im gleichen Zuge mit dem Strich beiputzen. Auch hier bleibt alles Haar vorn an den Läufen bis hinunter zu den Pfoten, die wie vorn mit der Schere besäumt werden.

All dies läßt sich mit ein wenig Übung bei Zwergen in etwa einer halben Stunde und bei den Mittelschlägen und Riesen in ca. einer Stunde bewältigen. Auch ein Anfänger sollte seinen Hund nicht viel länger mit Trimmen behelligen, was nicht fertig ist, wird am nächsten Tag erledigt. Mit gutem Zureden geht es in jedem Fall besser, Härte ist fehl am Platz, nicht jedoch ein wenig Resolutheit und Sicherheit. Vor allem aber sollte man stets mit Vorsicht vorgehen und besonders auf Warzen oder Narben von früheren Verletzungen achten.

Trimmen von Affenpinschern

Bei ihnen werden die Köpfe anders zurechtgemacht, und zwar ohne die Haarmaschine. Das reichhaltige, radial abstehende Kopfhaar verleiht dem Affenpinscher seinen typischen Ausdruck. Am übrigen Körper wird er etwa wie der Schnauzer zurechtgemacht, nur überall etwas voller im Haar. Der Kopf darf jedoch kein Übergewicht zum Körper bekommen.

Kastrieren und Sterilisieren

Aus den verschiedensten Gründen möchten Hundebesitzer, daß ihre Hunde unfruchtbar werden und fragen daher an, ob sie die Hunde sterilisieren oder kastrieren lassen sollen.

Sterilisieren bedeutet unfruchtbar machen, dazu werden den Rüden die Samenstränge und den Hündinnen die Eileiter durchtrennt. Allerdings wird weder die Läufigkeit bei Hündinnen ausgeschaltet, noch wird der Trieb bei Rüden unterbunden. Darum wird dieser Eingriff auch nur selten durchgeführt.

Kastrieren bedeutet ebenfalls unfruchtbar machen, wobei hier die geschlechtsspezifischen Fortpflanzungsorgane (Hoden bei Rüden und Eierstöcke bei Hündinnen) entfernt werden.

Es kann Gründe geben, die eine derartige Operation rechtfertigen, eine chronische Gebärmutterentzündung oder Krebs an den Geschlechtsorganen, dann muß operiert werden. Auf keinen Fall aber sollte eine solche schwerwiegende Operation durchgeführt werden, wenn sie nur der Bequemlichkeit der Hundehalter dienen soll, sei es, weil ein Hündinnenbesitzer sich bei Läufigkeit der Hündin durch Rüden aus der Umgebung belästigt fühlt oder sei es, weil ein Rüdenbesitzer nicht dauernd seinen Hund suchen will, wenn er auf Brautschau in der Nachbarschaft ist.

Mit diesen beiden Eingriffen wird nicht nur das körperliche, sondern auch das seelische Befinden der Hunde verändert. Die Hunde benehmen sich nicht mehr ihrem Alter entsprechend, sondern wirken kindlich verspielt oder sogar infantil. Bei Hündinnen, die sehr jung kastriert werden, können sich noch andere Nebenerscheinungen einstellen, z. B. ein dauerndes Urintröpfeln, das in der Wohnung keineswegs angenehm ist.

Grundsätzlich sollte man sich, ehe man sich zu einem so schwerwiegenden Eingriff ohne medizinische Notwendigkeit entschließt, sehr ausführlich mit seinem Tierarzt unterhalten.

Erziehung

Die wichtigsten Regeln

Die eigentliche Erziehung des Welpen fängt schon beim Züchter an. Ich sagte bereits, unsere Welpen kommen mit drei Wochen in ein altes Körbchen, aus dem sie heraus- oder hineinklettern können. Vor das Körbchen wird Zeitungspapier oder ein Scheuerlappen gelegt. Schon die kleinen Wesen sind bestrebt, ihr Lager sauber zu halten, sie steigen aus dem Körbchen, verrichten ihre Geschäfte auf dem Zeitungspapier und krabbeln wieder in den Korb. Später laufen sie dann mit den Müttern und Tanten und Großmüttern nach draußen und verrichten dort das, was nötig ist. Damit haben wir also keine Schwierigkeiten. Aber überall wird das wohl nicht möglich sein.

Wenn der junge Hund ins Haus kommt, heißt das erste erzieherische Gebot: Sauberkeit. Dazu muß man den jungen Hund zunächst alle zwei bis drei Stunden ausführen, und manchmal dauert es seine Zeit, bis er begreift, wozu dies gut ist. Setzen Sie ihn zuerst immer an die gleiche Stelle, und hat er sein Pfützchen oder Häufchen gemacht, wird er gelobt und kommt ins Haus. Beobachten Sie ihn genau, wenn er aufsteht, sucht und sich dreht, wird es Zeit, ihn schnell herauszutun. Man setzt ihn immer an die gleiche Stelle und lobt ihn, wenn es passiert ist. Meist haben die kleinen Hunde sehr schnell heraus, was sie draußen sollen. Wenn sie zunächst einige Zeit mit Schnuppern und Suchen vertun, sollte man nicht ungeduldig werden, alles braucht seine Zeit.

Wichtig ist, daß man nicht straft, wenn trotz aller Vorsicht ein Häufchen oder eine Pfütze in der Wohnung ist, die Welpen schwitzen durch die Blase und können den Urin noch nicht aufhalten.

Für den Welpen sollte ein Körbchen an einer ruhigen, zugfreien Stelle bereitstehen. Unsere Welpen bekommen alle bei der Abgabe an die neuen Besitzer ein Körbchen mit, das zuvor im Welpenzimmer aufgestellt war. So hat es den Körpergeruch der Welpen angenommen, und wenn die neuen Besitzer mit dem Welpen nach Hause kommen, hat er sofort sein „richtiges“ Bett dabei.

Weiter ist noch ein Trink- und ein Futternapf zu besorgen. Das Futter sollte möglichst immer zur gleichen Zeit verabreicht werden; was im Napf bleibt, nimmt man weg, damit sich der junge Hund an die Mahlzeiten gewöhnt. Nichts am Tisch geben, auch wenn er noch so bettelt; wenn man ihn später mit in eine Gaststätte nimmt, ist nichts störender als ein herumspringender und bettelnder Hund. Denken Sie daran, nicht jeder ist unbedingt ein Hundefreund.

Der kleine Hund muß auch lernen, daß er sich zu bestimmten Zeiten in seinem Korb aufhalten soll. Vorerst wird er noch viel schlafen. Vor allem aber braucht er von Anfang an viel Liebe und Zuwendung, die Trennung von Mutter und Ge-

Erzogene und aneinander gewohnte Hunde benehmen sich auch als Meute gut. Mittelschnauzer pfeffersalz vom Hühnerhof Ruit, Luise Haidle – Filderstadt.

schwistern ist für so ein kleines Wesen eine entscheidende Veränderung in seinem Leben. Er wird sich um so eher eingewöhnen, wenn er merkt, daß Sie für ihn sorgen und für ihn da sind. Auch wenn ein Malheur auf dem Boden oder Teppich passiert, darf man nicht die Nerven verlieren und den Hund anschreien, damit verängstigt man ihn nur. Und verfehlt wäre es ebenso, den Übeltäter mit der Nase in sein Mißgeschick zu tunken, man schlägt ja auch keine Babies, weil sie noch nicht sauber sind.

Lassen Sie nicht sofort jeden Fremden herein, um ihm ihre Neuerwerbung zu zeigen. Der Kleine muß sich zuerst an Sie und die für ihn neue Umgebung gewöhnen, das dauert sicher einige Tage. Erst danach sollte er andere Menschen kennen lernen, vor allen Dingen auch Kinder. Kinder und Hunde fühlen sich meist zueinander hingezogen, aber passen Sie auf, daß die Kinder – aus Unkenntnis – nicht zu unsanft mit ihm umgehen, das könnte zu einer Abneigung gegen Kinder für sein ganzes Leben führen. Es soll ihn auch nicht jeder Besucher gleich hochheben, schon gar nicht am Nackenfell. Wenn er aufgehoben wird, legt man ihm eine Hand unter die Brust, die andere Hand auf den Rücken, dann kann er nicht fallen und nicht herunterspringen.

Wenn Sie ihn mit nach draußen nehmen – nicht in einen fest eingezäunten Garten, sondern auf die Straße –: niemals ohne Halsband und Leine. Auch wenn Sie denken, er gehorcht schon – ein anderer Hund, eine Unaufmerksamkeit, und schon ist ein Unglück geschehen.

Wenn ein fremder Hund entgegenkommt, lassen sie die beiden einander beschnuppern, nicht den Kleinen ängstlich hochheben. Hunde haben ihre eigenen Verständigungsmethoden, sie beschnuppern und beriechen sich, um sich kennenzulernen. Hetzen Sie Ihren Hund auch nicht auf Katzen und Vögel. Bringen Sie ihm bei, daß er auch einmal allein bleiben muß, zuerst nur einige Minuten, später etwas länger. Die Hauptsache, er merkt, daß Sie immer wieder zu ihm zurückkommen. Wenn Sie für längere Zeit weg müssen und er bleibt allein, kann vielleicht ein freundlicher Nachbar ihn einmal ausführen. Das A und O bei so einem kleinen Welpen sind Geduld und Verständnis, aber auch Konsequenz, er darf nicht heute dürfen, was morgen verboten ist, und umgekehrt.

Wenn Sie einen eigenen Garten haben, muß dieser gut eingezäunt und der Zaun unten dicht sein. Am besten ist ein Betonsockel mit einem Holz- oder Drahtzaun, der so hoch ist, daß er nicht übersprungen werden kann; Schnauzer sind gute Springer! Bei großen Hunden – Schnauzern, Deutschen Pinschern und Riesenschnauzern – hat sich ein oben nach innen geneigter Zaun bewährt.

Wichtig ist, daß man den jungen Hund langsam an Straßenverkehr, Lärm und fremde Personen gewöhnt. Schnauzer und Pinscher sind von Natur aus mißtrauisch gegen Fremde und nicht gleich mit jedermann gut Freund. Soll der Hund mit im Auto fahren – die meisten tun es eigentlich sehr gern –, hat er seine Decke und einen Platz auf dem Rücksitz, keinesfalls vorn beim Fahrer, damit er nicht durch eine unbedachte Bewegung oder durch Aufspringen diesen aus dem Konzept bringt.

Als Spielzeug für die Welpen sind Bälle aus Gummi geeignet und auch Gummiringe, die gern herumgetragen werden, jedoch kein Spielzeug aus Plastik, das sehr schnell zerbissen und verschluckt wird. Wenn Sie Ihren Hund unterwegs im Auto warten lassen, müssen auf jeden Fall die Fenster einen Spalt breit offen bleiben, wobei darauf zu achten ist, daß der Wagen nicht in der Sonne steht. Im Auto sollte ein Hund nicht mit Leine und Halsband allein gelassen werden; Leinen können sich festhaken und schon mancher Hund hat sich nach einem Sprung über die Rücklehne erhängt. Die Gefahr des Erhängens besteht außerdem auch beim Anleinen an Treppen und Geländern.

Wenn Sie ihn anfangs an der Leine spazierenführen und er kommt nicht sofort zu Ihnen, dann nehmen Sie eine Perlonleine (Wäscheleine), verlängern damit die Hundeleine und lassen ihn laufen. Kommt er auf Ihr Rufen nicht, ziehen Sie die Leine sacht an, bis er bei Ihnen ist und loben ihn dann, auch ein „Leckerchen" (Stückchen Hundekuchen) dient als Belohnung. Aber vor allem und immer wieder: Geduld, Geduld, nichts wird mit Hast und Gewalt erreicht!

Haben Sie einen großen Hund, der überwiegend im Zwinger sein soll, so braucht auch dieser Hund Beschäftigung und die dauernde Ansprache seines neuen Herrn.

Auf die Haltung der Zwingerhunde und die Beschaffenheit des Zwingers bin ich an anderer Stelle ausführlich eingegangen. Zur Erziehung gehört auch, daß Ihr Hund sich anfassen und die Zähne ansehen läßt, wenn Sie behutsam die Lippen bzw. Lefzen herauf- und herunterziehen. Das muß er gewöhnt sein, wenn er später ausgestellt wird und ebenso, wenn er von fremden Personen getrimmt oder vom Tierarzt untersucht wird.

Wenn Sie Gartenbesitzer sind, achten Sie auch darauf, ob Sie keine giftigen Pflanzen oder Sträucher im Garten haben; Welpen knabbern noch gern alles an.

Die ersten Nächte werden für den neuen Hausgenossen die schlimmsten sein. Ein alter Wecker, mit ins Körbchen gelegt, soll gute Dienste tun, da er den Herzschlag der Mutter vortäuscht.

Wenn Sie Ihren Hund zu Ordnung und Gehorsam erziehen, ist das nicht nur für Sie selbst wohltuend, auch Ihre Umgebung wird an Ihrem Hund Freude haben.

Mit dem Hund unterwegs

Wer seinen Hund mit in den Urlaub nehmen will, tut gut daran, sich vorher zu informieren, ob das Hotel oder die Pension, die man ausgewählt hat, auch Hunde aufnimmt. Manche tun es ohne weiters, andere wieder überhaupt nicht. Für den Hund nimmt man sein Körbchen oder eine Decke mit, dann einen Futternapf, den Wassernapf, Kamm und Bürste, sowie ein Handtuch, falls der Hund mal sehr naß geworden ist und man die Pfoten abreiben will.

Wenn Sie mit dem Zug reisen, sollten Sie auch an die Fahrkarte für den Hund denken. Für große Hunde, die eventuell im Frachtraum reisen, muß man sich nach einem passenden Behälter erkundigen. Ferner ist vorgeschrieben, daß der Reisende für seinen Hund in Bahnhöfen und Zügen vorsorglich einen Maulkorb mit sich führt.

Bei Flugreisen werden Hunde im allgemeinen nur noch in besonderen Transportkisten befördert, die man rechtzeitig vorbestellen sollte. Wer mit dem eigenen Auto fährt, hat diese Probleme nicht.

Wenn Sie andere Länder besuchen wollen, erkundigen Sie sich vorher beim zuständigen Konsulat, und auch der Tierarzt gibt Auskunft über die Einreisebestimmungen. Grundsätzlich wird die Tollwutschutzimpfung verlangt, und zwar darf diese nicht älter als ein Jahr und nicht jünger als 4 Wochen sein. Manche Länder verlangen zusätzlich noch ein amtstierärztliches Zeugnis. Für die Einreise in andere Länder gelten monatelang Quarantänen, so z. B. für die nordischen Länder Schweden, Norwegen und Finnland. Nach England dürfen überhaupt keine Hunde eingeführt werden.

Auf der Fahrt sollte man unterwegs öfters mal Pause machen, das tut nicht nur dem Hund gut. Dabei bietet man ihm etwas Wasser an; Futter wird meist erst am Ziel gegeben. Hunde kommen grundsätzlich immer auf den Rücksitz, da stören sie am wenigsten.

Halsband und Leine sollten angelegt sein, falls man plötzlich – vielleicht bei einem Unfall – das Auto verlassen muß, so daß keine Zeit mehr ist, umständlich Halsband und Leine zu suchen und zu befestigen.

In Hotels wird man sich übrigens auch nach den Kosten für den Hund erkundigen. Manchmal darf der Hund kostenlos wohnen, in anderen Fällen wird – ohne irgend einen Service – eine Gebühr für den Vierbeiner verlangt. Das gleiche gilt auch für Campingplätze, nicht überall werden Hunde geduldet. Auch hier die Gebühren vorher erfragen.

Natürlich ist es am schönsten, wenn man den Hund im Urlaub bei sich hat. Besteht diese Möglichkeit aber nicht, sollte man sich rechtzeitig vorher um eine Pflegestelle für den Hund bemühen. Ideal ist es, wenn jemand entweder in die Wohnung kommt und ihn da versorgt, so daß der Hund wenigstens in seiner gewohnten Umgebung bleibt, oder aber jemand, den man gut kennt und den auch der Hund kennt, nimmt ihn zu sich und versorgt ihn. Ferienplätze im Tierheim sind meist schlecht zu bekommen, und der Hund fühlt sich „abgeschoben". Das soll nicht heißen, daß Hunde und Katzen für den Urlaub im Tierheim nicht gut versorgt werden, aber meist reicht dort die Zeit nicht für eine individuelle Betreuung der Pfleglinge.

Zucht

Einige grundsätzliche Überlegungen

Die Feststellung, der Hund sei hinsichtlich seiner Eigenschaften ein Produkt aus Erbgut, Aufzucht und Haltung, unterstreicht die Bedeutung des Züchters. Sein Einfluß auf die Verbesserung der Eigenschaften der von ihm gezüchteten Hunde ist viel höher als der Laie glaubt.

Eine erstklassige Zuchthündin kann sich der Züchter kaufen und einen passenden Deckrüden findet er auch. Das sind jedoch nur die Grundvoraussetzungen einer jeden Zucht. Denn mit den gleichen Zuchtpartnern werden zwei Züchter mit unterschiedlichen Einstellungen zum Hund Welpen aufziehen, die so verschieden sein können wie die Einstellung ihrer Züchter, nämlich gut oder schlecht.

Beansprucht einen schon die Pflege und Betreuung eines einzelnen Hundes, ein Wurf verlangt noch wesentlich mehr Zeit. Bis zum Alter von etwa 4 Wochen merkt man nicht viel von den Welpen, danach aber werden unter Umständen die Nerven des Züchters, seiner Angehörigen und eventuell auch der Nachbarn erheblich strapaziert.

An Platz braucht eine Zwergpinscherhündin mit ihren Welpen sicherlich weniger als eine Riesenschnauzerhündin mit Wurf. Beide aber benötigen ein trockenes, zugfreies Lager und genügend Bewegungsraum für die Jungen. Für die Zwerghündin müssen wenigstens 3 qm, möglichst in einem unbenutzten Zimmer, abgeteilt werden. Eine Riesenschnauzerhündin braucht in seinem separaten Raum mit genügend Licht, Wärme und Belüftung in der Wohnung oder Zwingeranlage 2 qm Lager und wenigstens 6 qm Bewegungsraum für die Welpen. Sind die Welpen 4 Wochen alt, muß zusätzlich Raum vorhanden sein, ein Garten, ein Hof oder ein ähnlicher Platz zum Auslauf.

Und Geld? Geld kostet das Züchten immer. Wenn ein Teil oder sogar alle Unkosten beim Verkauf der Welpen wieder hereinkommen, hat der Züchter in finanzieller Hinsicht Glück gehabt! In der Regel ist dies nicht der Fall. Mit Hundezucht, wie sie der Hobbyzüchter versteht, ist kein Geld zu verdienen.

Was im einzelnen zu beachten ist

Ahnentafeln

Vom Verband für das Deutsche Hundewesen (VDH) und der FCI werden nur Ahnentafeln anerkannt, die von einem dem Verband zugehörigen Verein ausgestellt wurden. Folglich werden von dem Verein bzw. Klub oder Verband auch nur für solche Welpen Ahnentafeln ausgestellt, deren Eltern gültige Ahnentafeln haben.

Auf der Vorderseite der Ahnentafeln sind die Ahnen und die Geschwister, auf

Verband für das Deutsche Hundewesen e.V. Dortmund

Pinscher-Schnauzer-Klub 1895 e. V.

Allein anerkannter stammbuchführender Rassezuchtverein
Geschäftsstelle und Zuchtbuch: 511 Alsdorf, Behringstraße 26

ZWINGER GÜTESIEGEL des PS – PINSCHER-SCHNAUZER-KLUB E.V. 1895

Ahnentafel und Eintragungsbestätigung

Name des Hundes: L O R Y v. Old Wattsche — Nr: VDH83ZS 017 261 — Jahrgang/Band: 83/61

Rasse: Zwergschnauzer — Farbe: pfeffer-salz — Wurftag: 05 07 83 — xxRüde/Hündin:

Züchter: Marga Höller Behringstr. 26 5110 Alsdorf 02404 61915 — Landesgr./Ortsgr.: 07/09

Eltern	Großeltern	Urgroßeltern
Rüde Yuko v. d. Steinhäger Heide Bjsg.Kbsg.Dt.Ch. Farbe: HD: Bew.: V Wurft.: 07.11.79 Nr.: 015 793	Marko v. d. Steinhäger Heide Dt.Ch.Kbsg. Farbe: HD: Bew.: V Wurft.: Nr.: 014 920	Ulli v. d. Steinhäger Heide Jdsg.Ejsg.Wjsg.Dt.Ch.Kbsg.VDH Ch. Farbe: HD: Nr.: 013 424
		Ina v. d. Steinhäger Heide Farbe: HD: Nr.: 014 023
	Fanny v. d. Steinhäger Heide Dt.Ch.Kbsg. Farbe: HD: Bew.: V Wurft.: Nr.: 012 609	Dolf v. Eybhof Farbe: HD: Nr.: 011 221
		Cora v. d. Rhönpforte Farbe: HD: Nr.: 011 650
Hündin Gesi v. Old Wattsche Farbe: HD: Bew.: V Wurft.: 11.10.79 Nr.: 015 747	Moritz v. d. Steinhäger Heide Farbe: HD: Bew.: Wurft.: Nr.: 014 206	Jonny v. d. Steinhäger Heide Dt.Ch.Kbsg.Bsg.VDH Ch. Farbe: HD: Nr.: 012 935
		Uschi v. d. Steinhäger Heide Farbe: HD: Nr.: 013 426
	Victory v. Old Wattsche Ejsg.Jjsg. Farbe: HD: Bew.: V Wurft.: Nr.: 013 162	Max v. Finkenbüschgen Farbe: HD: Nr.: 46 090
		Ninny v. Old Wattsche Farbe: HD: Nr.: 011 710

Alle Welpen des Wurfes

Ich bestätige die Angaben:
Marga Höller
Unterschrift des Züchters

ZGS	Bes. Hinweise
R Lausbub... .. VDH83ZS 017256.	031
R Lautrec... .. VDH83ZS 017257.	031
R Lenny..... .. VDH83ZS 017258.	031
R Lümmel.... .. VDH83ZS 017259.	031
H Lizzy..... .. VDH83ZS 017260.	031
H Lory...... .. VDH83ZS 017261.	031

Die Richtigkeit der Abstammungsfolge und Eintragung wird beurkundet.

Alsdorf, den 05 09 83

der Rückseite bei den Hündinnen die Würfe – Deckrüde, Wurftag, Wurfstärke, Zuchtbuchnummern – und bei Rüden und Hündinnen die Siegertitel, die Abrichtekennzeichen und der Befund der Untersuchung auf Hüftgelenkdysplasie eingetragen.

Gesundheit

Die Mutterhündin muß gesund sein. Zum Glück setzt sich mehr und mehr die Ansicht durch, daß neben der körperlichen Gesundheit auch die geistige Gesundheit, das „Wesen" wichtig ist. Scheue, ängstliche, aggressive und gefährliche Hündinnen sollten nicht für die Zucht eingesetzt werden. Sie geben diese unerwünschten Eigenschaften weiter.

Es ist zwar richtig, daß ein Hund auch beißen soll, aber doch nur dann, wenn er mit Aufgaben betraut ist, die ein Zubeißen erfordern. Er muß in der Lage sein, zu entscheiden, wann er friedlich zu sein hat, z. B. beim Spaziergang und Spielen, anderen Menschen, besonders Kindern, und anderen Hunden gegenüber. Ein geistig gesunder Hund kann das und lernt das. Ein Hund, der beim normalen Spaziergang einen Maulkorb tragen muß, ist normalerweise für die Zucht ungeeignet.

Das richtige Alter

Erfahrung findet in den Zuchtbestimmungen der Rassehundeklubs ihren Niederschlag. Das gilt z. B. für die Bestimmung, daß erst ab einem bestimmten Alter bzw. bis zu einem bestimmten Alter Hunde zur Zucht zugelassen sind. Beim Pinscher Schnauzer Klub richtet sich das nach der Größe der Hunde. Mindestalter am Tage des Belegens (des Deckaktes) bei:

Riesenschnauzern	18 Monate
Schnauzern und Deutschen Pinschern	15 Monate
Zwergschnauzern, Zwergpinschern und Affenpinschern	14 Monate

Der Grund für diese Unterschiede: große Schläge werden später reif als kleine. Es wird empfohlen, nicht vor der dritten Läufigkeit zu züchten. Das Höchstzuchtalter für Hündinnen beträgt 8 Jahre, das für Rüden 10 Jahre. Ich persönlich bin bei Rüden nicht für die obere Begrenzung, in der Praxis regelt sich dies ohnehin von selbst.

Zuchtbewertung

Jeder in der Zucht eingesetzte Hund, gleich ob Rüde oder Hündin, sollte schon allein im Interesse der Verbesserung der Rasse vorher von einem Fachmann eine Zuchtbewertung erhalten. Im PSK berechtigen die Noten gut, sehr gut oder vorzüglich zur Zucht. Mindestalter für eine Zuchtbewertung ist das „zuchtfähige" Alter.

Auf Einzelheiten komme ich im Kapitel Zuchtschauen zurück.

Besondere Empfehlungen zur Zucht (Kör- und Leistungszucht)

Der Pinscher Schnauzer Klub empfiehlt Welpen, deren beide Elternteile angekört sind oder Ausbildungskennzeichen haben, durch besonders gekennzeichnete Ahnentafeln.

Es handelt sich dabei um Kör-, Leistungs- oder Kör- und Leistungszucht.

A) **Körzucht für Riesenschnauzer, Mittelschnauzer und Deutsche Pinscher**
Angekört werden Hunde, die folgende drei Bedingungen erfüllt haben und vom Leistungsbuchführer des PSK beurkundet wurden:
1. Sie müßten im zuchtfähigen Alter von zwei verschiedenen Zuchtrichtern mit sehr gut oder vorzüglich bewertet worden sein;
2. die Beurteilung der Hüftgelenke muß HD 0 (frei) oder HD 1 (fast frei oder Grenzfall) lauten. Das gilt auch für die normale Zucht. Mindestalter zur Zeit der Untersuchung 12 Monate;
3. die Hunde müssen eine Wesensprüfung bestanden haben. (Dieser Teil der Körung wird im Kapitel „Sport mit dem Hund" besonders beschrieben.)

B) **Leistungszucht**
Beide Elternteile von Riesenschnauzern, Mittelschnauzern und Deutschen Pinschern müssen neben der Zuchtbewertung im zuchtfähigen Alter und dem Nachweis von HD 0 oder HD 1 (wie bei normaler Zucht) mindestens das Abrichtekennzeichen Schutzhund I (Sch H1) erworben haben (die Prüfungsordnung hierzu ist im Kapitel „Sport mit dem Hund" zu finden).

C) **Kör- und Leistungszucht**
Beide Elternteile müssen die Bedingungen nach A) und B) erfüllt haben.

Für Mittelschnauzer und Deutsche Pinscher gilt als Ankörung alternativ: Erfüllung der Bedingungen nach A 1) und A 2) und eine bestandene verkehrssichere Begleithund-Prüfung (BH). Auch diese Prüfungsordnung ist im Kapitel „Sport mit dem Hund" zu finden).

Für Zwergschnauzer, Zwergpinscher und Affenpinscher gilt als Ankörung die Erfüllung der Bedingungen nach A 1) und eine bestandene verkehrssichere Begleithund-Prüfung (BH). Ankörungen gelten auf Lebenszeit.

Zuchtpartner

In der Regel sind Züchter Hündinnenbesitzer. Nur wenige haben die Möglichkeit, beide Geschlechter zu halten. Von einem Deckrüden für eigene Hündinnen, etwa aus Ersparnisgründen, ist abzuraten. Gegen eine Decktaxe, die derzeit in Deutschland bei Zwergen etwa DM 100,–, bei Mittelschlägen DM 350,–, bei Riesen DM 500,– beträgt, kann der Hündinnenbesitzer unter vielen Rüden wählen.

Was ich zuvor über die Gesundheit, besonders über das Wesen, gesagt habe, gilt selbstverständlich auch für Rüden. Die Beurteilung eines fremden Rüden ist für einen Züchter, vor allem, wenn er schon mit der läufigen Hündin dasteht, schwer. Wenn möglich, sollte man sich schon vorher für den Rüden, seine Bewertungen und seine Nachzucht interessieren. Rüden, die selbst angesichts einer läufigen Hündin scheu sind, die sich bei kleinsten Störungen mimosenhaft zurückziehen, sollte man nicht nehmen. Eine gewisse Robustheit beim Deckakt ist m. E. durchaus in Ordnung.

Vereinfacht ließe sich sagen: Was man am eigenen Hund hat, weiß man und kann es nicht ändern, was man verbessern möchte, kann der Deckrüde bringen, seien es der Charakter, anatomische

Merkmale, Farben, Haarstruktur, Gebrauchshundeignung usw. Wenn der Deckrüde ein Verwandter (1. und 2. Grades ausgeschlossen) der Hündin ist, spricht man von Linienzucht, die in der Regel von den Züchtern bevorzugt wird, da sie noch überschaubar bleibt.

Bevorzugte Partner sind Deckrüden, die mit der gleichen Hündin schon qualitätsvolle Welpen gebracht haben. Deckrüden, mit denen es nicht paßt, weil die Welpen Fehler hatten, wird kaum jemand noch einmal für die gleiche Hündin nehmen, es sei denn, gewichtige Gründe sprechen dafür.

Der Deckakt

Beim Deckrüdenbesitzer meldet man sich rechtzeitig an. Das ist nicht nur ein Gebot der Höflichkeit, sondern verhindert auch, daß man mit der läufigen Hündin unter Umständen vergeblich eine Reise macht. Eine weitere, manchmal unliebsame Überraschung vermeidet man dadurch, daß man vorher nach der Deckentschädigung fragt.

In der Regel reist die Hündin zum Rüden. Ein Spaziergang mit der Hündin, besonders nach längerer Autofahrt, ist angebracht. Rüde und Hündin sollten unter Aufsicht miteinander bekannt gemacht werden, und auch während der ganzen Zeit, die sie beieinander sind, beobachtet werden. Zum Kennenlernen gehört auch etwas Zeit und ein eingezäuntes Grundstück, möglichst ohne viel Zuschauer. Falsch ist es, Rüde und Hündin zusammenzusperren, womöglich ein paar Tage lang und dann auch noch ohne Beobachtung, um dann frohgemut auf den Nachwuchs zu warten.

Für die Hündin ist der 12. Tag nach Beginn der Läufigkeit (der Blutung) etwa der richtige Decktag. Ein weiteres Zeichen für den Decktermin ist die hellrote bis blaßrosa, etwas schleimige Färbung des Ausflusses der Hündin. Weiterhin kann man am Gebaren der Hündin Rüden und auch anderen Hündinnen gegenüber die Paarungsbereitschaft erkennen.

Normal geht der eigentliche Deckakt so vor sich: Rüde und Hündin beschnuppern sich, spielen und belecken einander. Die Hündin dreht das Hinterteil dem Rüden zu, sie „steht“, wobei ihre Rute seitwärts aufrecht steht. Der Rüde reitet einige Male auf und probiert, bis er dann den Penis ganz einführt und zum „Hängen“ kommt. Schwellkörper am Penis des Rüdens verhindern etwa 20 Minuten lang das Lösen der beiden voneinander. Das „Hängen“ kann auch kürzer oder länger dauern, auf jeden Fall ist es der Abschluß des normalen Deckaktes. Zweckmäßig stehen Rüde und Hündin während des Hängens mit den Hinterteilen gegeneinander und jeder Besitzer hält seinen Hund dabei am Halsband fest.

Das Nachdecken ist etwas umstritten, der eine hält es für unnötig, ja für Unsinn, viele Züchter jedoch lassen (natürlich nur den gleichen Rüden) innerhalb 24 Stunden noch einmal decken. Als Decktag gilt der Tag des ersten Deckaktes.

Längere Zeiten zwischen zwei Deckakten sollten vermieden werden, da aus beiden Deckakten Eier befruchtet werden können und bei der Geburt dann die verschieden alten Welpen Schwierigkeiten machen.

Da Hündinnen auch nach dem Deckakt viele Tage später noch von anderen Rüden belegt werden können, ist oberstes

Gebot für den Züchter, eine gedeckte läufige Hündin separat zu halten. Wird eine Hündin von einem anderen Rüden gedeckt, ganz gleich ob er derselben Rasse angehört oder einer anderen (oder keiner), gilt der spätere Wurf unabhängig von dem Aussehen der späteren Welpen als nicht rasserein.

Deckakte unter Zwang, bei denen man die Hündin festhalten muß, sind nicht das richtige. Solche gestörten Verhaltensweisen vererben sich meist weiter.

Künstliche Besamung lehnt der PSK ab. Einmal weil Rüden oder Hündinnen, die nur auf diesem Wege Nachwuchs zustandebringen, verhaltensgestört sind und diese Störung weitervererben, und zum anderen, weil bei Hunden keine Notwendigkeit für diese Methode der Fortpflanzung besteht wie etwa bei den Nutztieren.

Trächtigkeit

Sie dauert normal 63 Tage. Erhebliche Abweichungen sind möglich, wir hatten beispielsweise am 60. Tag und auch am 68. Tag schon Zwergschnauzerwürfe. In den ersten 4–5 Wochen ist, besonders bei jungen Hündinnen, noch wenig zu erkennen. Oft werden Hündinnen dann etwas behutsamer und anschmiegsamer. Erst in den letzten drei Wochen werden die Hündinnen zusehends dicker.

Die Ernährung sollte zunächst wie gewohnt weitergehen, in der zweiten Hälfte der Trächtigkeit etwas reichlicher, auch mit zusätzlichen Kalkgaben. Knochen sollten ganz aus dem Futterplan gestrichen werden. Eine gewisse „Mäkelei" ist nun üblich und sollte, besonders in der ersten Zeit der Trächtigkeit, nicht tragisch genommen werden.

Während der Trächtigkeit sollten der Hündin keine besonderen Anstrengungen zugemutet werden, Leistungssport fällt also aus. Bewegung ist immer gut, darf aber in den letzten Tagen vor dem Werfen nicht erzwungen werden.

Geburt

Schon einen Tag vor der Geburt werden die Hündinnen manchmal unruhig, sie kratzen im Lager herum und hecheln, dann kommen wieder Ruhepausen und oft noch eine völlig normale Nacht. Es gibt auch Hündinnen, denen man wenig anmerkt und bei denen der Beobachter erst kurz vor den Preßwehen bzw. bei den ersten Wehen aufmerksam wird. Um sicherzugehen empfiehlt es sich daher, etwa ab dem 60. Tag die Temperatur der Hündin zu messen, wobei sich die Regel bestätigt, daß mit ziemlicher Sicherheit innerhalb 24 Stunden nach Abfall der Körpertemperatur von 38,5 °C (Normaltemperatur beim Hund) um 1–1½ °C die Geburt einsetzt.

Vor der Geburt des ersten Welpen sollte der Züchter dafür sorgen, daß die Hündin in der „Wurfkiste" bleibt, einer Holzkiste mit glatten Brettern, bei der die Höhe der Seitenwände der halben Schulterhöhe des Hundes entspricht und in der die Hündin ausgestreckt liegen kann.

Die Kiste darf nicht bodenkalt sein und die Raumtemperatur sollte nicht unter 22 °C liegen. Die vorher mit heißem Wasser ausgewaschene Kiste wird zweckmäßig mit mehreren Lagen Zeitungspapier ausgelegt (die Verwendung von Sagrotan empfiehlt sich nicht). Eine Rolle dünnes Garn, eine Schere und eine Rolle Papiertücher werden bereitgehalten. Eine Küchenwaage, ein Blatt Schreibpapier und ein Kugelschreiber vervollständigen die Ausrüstung.

Am wichtigsten ist vielleicht, daß ein Tierarzt erreichbar ist, wenn Komplikationen auftreten sollten.

Je nach Rasse und Größe des Hundes kann der Züchter unterschiedliche Hilfe beim Werfen leisten. Das mindeste sollte aber eine ständige Beobachtung sein.

Meine persönlichen Erfahrungen beziehen sich auf Riesen- und Zwergschnauzer, in erster Linie auf Zwergschnauzer. Danach sieht es in aller Regel so aus:

In einem ruhigen, warmen Zimmer wird die zum Fußboden hin isolierte Wurfkiste aufgestellt. Fremde Menschen und Hunde werden ferngehalten. Auch die eigenen Hunde kommen nicht in das Wurfzimmer. Wenn dann die Wehen einsetzen, darf man nicht nervös werden. Die Hündin zittert, hechelt, stellt sich, legt sich, rein in die Kiste, raus aus der Kiste, und nach immer schneller aufeinanderfolgenden Preßwehen hängt ein Stückchen Fruchtblase, dunkel schimmernd mit Flüssigkeit gefüllt, aus der Scheide. Die Hündin leckt die Scheide oder versucht zu lecken, wenn sie zu dick ist. Besonders Erstgebärende stoßen bei den Preßwehen gelegentlich Schreie aus. Die Fruchtblase kann bereits vor dem Austreiben des Welpen zerplatzen. Mit einer letzten Anstrengung kommt dann in der Fruchtblase der erste Welpe, der noch mit der Nabelschnur verbunden ist. Kurz danach oder in einem Zuge damit kommt die Nachgeburt. Die Hündin reißt nun sofort die Fruchtblase auf, beleckt den Neugeborenen, nabelt ab und frißt die Nachgeburt auf. Die Nabelschnur wird nicht etwa mit einem scharfen Biß der Schneidezähne glatt getrennt, sondern mit den Prämolaren, den seitlichen Zähnen hinter den Eckzähnen, durchnagt.

Trennt die Hündin die Nabelschnur zu nahe am Körper ab, wird das restliche Stück nahe am Körper mit dem bereitliegenden Faden abgebunden, danach werden die Fadenenden abgeschnitten. Allein dafür braucht man die Schere. Nabelt die Hündin ein Junges nicht ab, kann man genügend weit vom Körper – mindestens 5 cm – die Nabelschnur abreißen. Das geht gar nicht so ohne weiteres, so daß es fast dem „Durchnagen“ der Hündin entspricht.

Vom „Trockenreiben“ eines Welpen mit Tüchern halte ich nichts; die Zunge der Hündin erledigt dies viel besser. Sie trocknet, massiert und überzieht vor allem das neugeborene Wesen mit einem Schutzfilm durch den bakteriziden Speichel.

Erst nachdem die oberste Lage Zeitungen und auch die Nachgeburt (wenn die Hündin sie nicht gefressen hat), entfernt wurden, wird der Welpe gewogen, die Zeit, das Geschlecht und ein eventuelles Kennzeichen notiert. In Abständen von je einer halben Stunde bis einer Stunde wiederholt sich das alles, bis alle Welpen geboren sind.

Jeweils im Augenblick der Geburt achtet man darauf, daß die bereits geworfenen Welpen in der von der Hündin am weitesten entfernten Ecke der Wurfkiste liegen, oder sie werden in einem separaten Körbchen solange untergebracht, bis der nächste Geburtsvorgang beendet ist.

Nach der Geburt aller Welpen wird die Hündin ruhiger und widmet sich fast pausenlos den Welpen, die im übrigen manchmal, noch nicht ganz abgenabelt, bereits die Zitzen der Hündin suchen und zu trinken anfangen. Man sollte auch unbedingt die Hündin nach draußen führen, auch wenn sie nicht will, damit sie sich lösen kann. Überhaupt wird man in den ersten Tagen nur mit gutem Zureden die Hündin bewegen können, die Kiste und ihre Welpen zu verlassen.

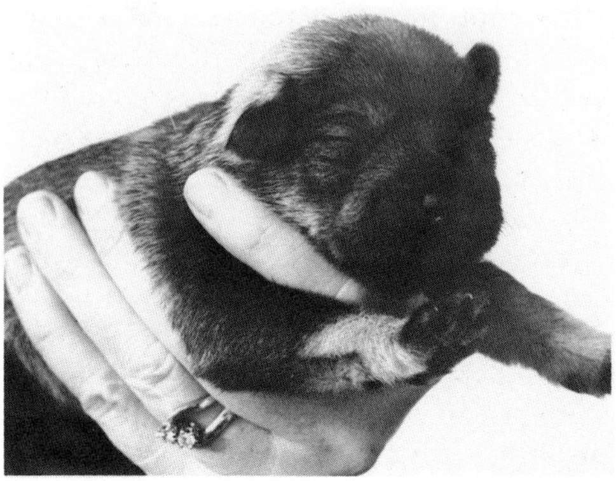

Zwergschnauzer pfeffersalz, 2 Tage alt.

Die ersten 8 Wochen der Welpen

Die Welpen werden blind geboren, ihre Augen beginnen sich nach 12–14 Tagen zu öffnen. Sie schlafen, trinken und verdauen, alles andere besorgt die Mutter. Sie leckt und massiert die Bäuche der Kleinen und putzt sie dabei sauber. In den ersten Tagen verläßt die Mutter die Kleinen nur jeweils kurz und ungern. In die Wurfkiste lege ich mit Leinen bezogene Schaumgummiunterlagen; wenn die Hündinnen gewohnt sind, auf weichen Unterlagen zu schlafen, wollen sie nicht auf dem Holzboden der Wurfkiste liegen und sind zu unruhig. Man sollte jedoch wegen der Unruhe der Mutter bei Nachwehen diese Unterlage so befestigen, daß die Jungtiere nicht darunter gewühlt werden können.

Die Hündin wartet oft einen Tag, bis sie die erste Mahlzeit einnimmt. Trink-

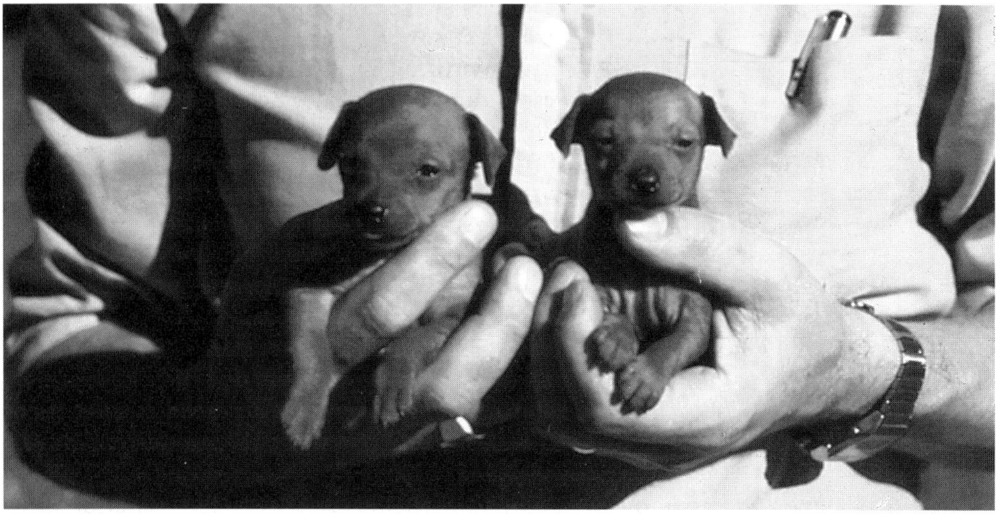

Vier Wochen alte Zwergpinscher, rot.

wasser muß immer bereitstehen. Manche meiner Hündinnen haben Stunden nach der Geburt die verschluckten Nachgeburten oder einen Teil davon wieder ausgebrochen.

In den ersten Tagen werden bei Pinschern und Schnauzern die Ruten kupiert. Dazu ist nach dem Tierschutzgesetz keine Narkose erforderlich. Die sehr schnell heilenden Wunden müssen sauber gehalten werden und sind nach 12 Tagen bereits abgeheilt. Daß bei Winterwürfen und Frostwetter Welpen nicht nur vor Frost geschützt werden müssen, sondern auch Wärme brauchen, wurde schon erwähnt.

Als sehr zweckmäßig hat sich die tägliche Gewichtskontrolle der Welpen erwiesen. Am ersten Tag verlieren die Welpen manchmal einige Gramm, ansonsten müssen sie regelmäßig zunehmen. Ein Stehenbleiben oder Abfallen des Gewichtes aller Welpen während dieser ersten, sicherlich kritischsten Lebenswoche deutet darauf hin, daß die Mutter nicht in Ordnung ist. Es kommt vor, daß die letzte Nachgeburt oder Teile davon noch nicht ausgestoßen sind. Hier bringt Fiebermessen (nur im After) erste Klarheit. Bei Übertemperatur (die Normaltemperatur liegt bei etwa 38,5 °C) sollte man sofort den Tierarzt aufsuchen.

Das Geburtsgewicht bei Zwergschnauzern liegt bei etwa 150 g. Ich habe schon Würfe gehabt, bei denen alle Welpen 180–190 g wogen, es gab aber auch Würfe, bei denen die Kleinen nur etwas über 100 g schwer waren. (Wenn alles gut ging, holten sie dieses Minus sehr schnell auf.)

Mit etwa 3 Wochen fangen die Welpen an, ein bißchen Schabefleisch zu nehmen. Es kommt zunächst nur auf ein Versuchen an und klappt nicht immer auf Anhieb. Wenn ein größerer Wurf da ist, werden die Jungen eher bereit sein, Zusatzfutter zu sich zu nehmen, als bei einem kleinen Wurf, den die Mutter allein und gut versorgt.

In der dritten Woche fangen die Kleinen an, unbeholfen zu laufen, und die Mutter wird nun auch gelegentlich das Wurflager für einige Minuten länger verlassen. Sie muß sich dann, um Ruhe zu haben, von den Jungtieren so zurückziehen können, daß sie sie dennoch gut im Auge behalten kann.

Ich lasse meine Welpen immer bis zu etwa 3 Wochen in der Wurfkiste, wo sie bis dahin von der Mutter versorgt und geputzt werden, so daß die Kiste sauber bleibt.

Erst wenn man zufüttert, putzt die Mutter ihre Welpen nicht mehr. Nach 3 Wochen wird die Kiste entfernt und gegen einen alten Weidenkorb, der praktisch nur noch hinten einen Rand hat, ausgetauscht. In den Weidenkorb kommt eine dicke Decke, und vor den Korb Zeitungspapier oder Scheuerlappen.

Auch Welpen sind meist schon sauber, sie lernen in kürzester Zeit, aus dem Korb herauszukrabbeln und ihre Geschäfte auf dem Zeitungspapier zu verrichten, das natürlich dauernd gewechselt wird. So bleibt der Korb immer schön trocken und warm. Etwas später haben die Welpen dann auch die Möglichkeit, nach draußen zu gehen. Sie laufen dann mit den anderen Hunden heraus und herein, wobei sich eigentlich ganz von selbst ergibt, daß sie lernen, wohin die Geschäfte gehören. Nur nachts wird natürlich weiterhin Zeitungspapier ausgelegt.

Die Welpen sollte man viermal am Tage ausreichend, auch mit Fleisch, füttern. Morgens bekommen die Kleinen nun Welpenmilch, eine spezielle Milch, die gehaltvoller als Kuhmilch ist. Wer einen Wurf ohne die Hündin aufziehen muß, darf nicht nur Kuhmilch nehmen, da die Hundemilch fetter und anders zusammengesetzt ist. Die Welpenmilch wird gut vertragen und bekommt auch den Hündinnen solange sie säugen.

Mit 5 und 6 Wochen sind die Welpen schon sehr interessiert an ihrer Umgebung und an den Menschen; sie freuen sich, wenn man kommt.

Auch bei einem Wurf, bei dem sich die Welpen hinsichtlich der Größe und Farbe sehr ähnlich sind, lassen sich die täglich festgestellten Gewichte mühelos den einzelnen Welpen zuordnen. So ergibt sich in den ersten Wochen ein guter Überblick über eventuelle Unregelmäßigkeiten und man erhält Hinweise auf die Entwicklung der Hunde. Anhand der Gewichtskurven, die ich von über 50 Würfen pfeffersalzfarbener Zwergschnauzer aufgezeichnet habe, kann ich über die voraussichtliche Entwicklung während des ersten Lebensjahres wichtige Angaben machen.

Solange die Gewichtskurve regelmäßig ansteigt, ist alles in Ordnung. Bleibt das Gewicht stehen, so ist das ein Alarmzeichen, und eventuell muß der Tierarzt zu Rate gezogen werden.

Ammenaufzucht

Unter Ammenaufzucht versteht man die Aufzucht der Welpen durch fremde Hündinnen. Sie ist angebracht, wenn die Mutter bei der Geburt starb, durch Krankheit nach der Geburt unfähig ist, die Welpen zu versorgen, oder wenn mehr Welpen geworfen und aufgezogen werden sollen, als die Mutter verkraften kann. Im PSK ist die Anzahl der aufziehenden Welpen in das Ermessen des Züchters gestellt. Ahnentafeln werden für alle aufgezogenen Welpen ausgestellt, unabhängig davon, ob eine Amme zur Hilfe genommen wurde oder ob der Züchter künstliche Aufzuchtmittel verwendet hat.

Welpen zur Ammenaufzucht aus dem Haus zu geben, bringt erhebliche Risiken mit sich. Die Amme muß frei von Ungeziefer, Parasiten und Krankheiten sein. Sie darf auf keinen Fall scheu sein, muß engen Kontakt mit dem Besitzer haben und einwandfrei untergebracht sein. Man prüfe sorgfältig die Umstände bei Leuten, die Ammen anbieten. Schriftliche Verträge sind in jedem Fall angebracht.

Zuchtwartkontrollen

Jeder Züchter informiert seinen Ortsgruppenzuchtwart sofort nach dem Wurf. Die Geschäftsstelle des PSK erhält gleichzeitig eine ausgefüllte Wurfanzeige, damit Welpen auf Wunsch vermittelt werden können. Der Zuchtwart kommt innerhalb der ersten Lebenswoche der Welpen und etwa eine Woche nach dem Kupieren der Ohren zum Züchter, um sich den Wurf anzusehen und erforderlichenfalls den Züchter zu beraten. Die Unkosten der Zuchtwartbesuche, das sind in der Regel die Fahrtkosten, trägt der Züchter. Der Zuchtwart füllt bei oder nach seinen Besuchen ein Berichtsblatt mit drei Durchschlägen aus.

Der Zuchtwartbericht, der auch als Voraussetzung für die Ausstellung der Ahnentafeln gilt, ist gewissermaßen ein

Dokument über die Zucht. Das Original des Zuchtwartberichtes wird beim Klub verwahrt und bildet eine wichtige Grundlage für statistische Auswertungen. Die erste Durchschrift erhält der Hauptzuchtwart des PSK und die zweite der jeweilige Landesgruppenzuchtwart zur Auswertung und eventuellen Stellungnahme.

Die Ahnentafeln werden in der Geschäftsstelle des PSK aufgrund des Zuchtwartberichtes, der vom Deckrüdenbesitzer, Züchter, Tierarzt und Zuchtwart zu unterschreiben ist, ausgestellt. Zur weitgehenden Ausschaltung von Übertragungsfehlern werden als Unterlagen die Originalahnentafel der Mutterhündin und eine Fotokopie der Ahnentafel des Deckrüden verwendet. Nur noch in Ausnahmenfällen muß auf die Zuchtbücher zurückgegriffen werden.

In die Ahnentafel werden errungene Siegertitel, Leistungskennzeichen, HD-Untersuchungsergebnisse und zuerkanntes Zwingergütesiegel übernommen. Ahnentafeln von Welpen, deren beide Eltern angekört sind oder Leistungskennzeichen haben, haben eine gelbe Grundfarbe (früher rot).

Sicherlich beantwortet auch ein sorgfältig ausgefüllter Zuchtwartbericht nicht jede Frage. Er ist aber immerhin so exakt und gut auswertbar, daß kaum entscheidende Fragen offenbleiben.

Zwingergütesiegel des PSK

Es wurde vor einigen Jahren geschaffen und wird an Züchter verliehen, die mindestens 5 Würfe gezüchtet haben und ihre Welpen nicht nur pfleglich aufziehen, sondern bei denen auch gewährleistet ist, daß die Welpen Familienanschluß haben.

Bei Verstößen gegen die Zuchtvorschriften wird ein eventuell verliehenes Zwingergütesiegel wieder aberkannt. Der Züchter kann sich dann später erneut darum bewerben.

Namensgebung

Immer wieder taucht die Frage auf, wie es sich mit der Reihenfolge der Anfangsbuchstaben der Vornamen verhält.

Hier gilt folgende Regel: Der erste Wurf eines Zwingers, gleichgültig ob Riesenschnauzer oder Affenpinscher, erhält Vornamen mit dem Buchstaben A. Dann geht es fortlaufend weiter bis Z.

Beispiel: 1. Wurf
Zwergschnauzer pfeffersalz = A
2. Wurf
Zwergschnauzer pfeffersalz = B
3. Wurf
Riesenschnauzer schwarz = C
usw.

Der Zwingername ist Zuname des Hundes und muß sich deutlich von bereits vom Klub vergebenen Zwingernamen unterscheiden.

Es wird jedem Züchter nur ein Zwingername geschützt, der für alle PSK-Rassen gilt, solange die Mitgliedschaft des Züchter, bzw. die seiner Nachkommen im PSK besteht. Nur wenn ein Name gelöscht wird, kann er wieder neu vergeben werden. Der Klub läßt jedoch keine Zwingernamen, die einmal sehr bekannt waren, neu zu, es sei denn, die direkten Nachkommen des ersten Züchters bewerben sich um den gelöschten Namen.

Der Schutz des Zwingernamens gilt nur innerhalb des eigenen Klubs. Er kann für andere Hunderassen eines Züchters von den betreffenden VDH-Klubs übernommen werden.

Die FCI und der Verband für das Deutsche Hundewesen empfehlen, Zwingernamen zusätzlich durch die FCI schützen zu lassen. Dieser Zwingernamenschutz muß vom Züchter über den PSK beim VDH beantragt werden. FCI-geschützte Namen werden zwar nur einmal vergeben, können jedoch von anderen Klubs ohne Einschränkung intern vergeben werden.

Die Vornamen können vor oder hinter den Zwingernamen gesetzt werden, z. B. „Cosy v. Old Wattsche" oder „Old Wattsches Cosy". Geschützt wird jedoch nur eine der beiden Möglichkeiten. Fremdländische Zwingernamen sollten möglichst gemieden werden.

Würfe, bei denen alle Welpen totgeboren werden, werden nicht in das Zuchtbuch des Klubs eingetragen, und für sie kann auch kein Buchstabe im Alphabet belegt werden.

Wurmkuren in den ersten Monaten

Wurmkuren sind unerläßlich! Nachdem die Mutter in der ersten Hälfte der Trächtigkeit einer Wurmkur unterzogen wurde, beginnt man mit der ersten Kur gegen Spulwürmer spätestens wenn die Welpen 4 Wochen alt sind. Die früher üblichen Präparate waren oft nicht gut verträglich, die Welpen erbrachen sich meist nach dem Einnehmen der Paste. Mit den neueren Präparaten sind Wurmkuren problemloser.

Weil auch die Vernichtung der sich aus Wurmeiern neu bildenden Spulwürmer wichtig ist, besteht eine Spulwurmkur immer aus zwei Eingaben im Abstand von 14 Tagen. Diese Kur sollte alle Vierteljahre wiederholt werden, bis zum Alter von einem Jahr. Also etwa wie folgt:

1. Kur in der 3. und 5. Lebenswoche
2. Kur mit 3 Monaten und 3½ Monaten
3. Kur mit 6 Monaten und 6½ Monaten
4. Kur mit 9 Monaten und 9½ Monaten.

Die Wurmpaste soll nach Vorschrift des Herstellers (meist 1 cm je 0,5 kg Körpergewicht) verabreicht werden.

Angenommen der Hund wiegt 4 kg, so drückt man etwa 8 cm Paste auf den Finger und gibt sie mit etwas Leberwurst oder man drückt die Paste dem Hund seitlich in die Schnauze.

Spulwurmkuren werden auch dann gemacht, wenn man im Kot keine Würmer feststellen kann. Das sicherste Mittel festzustellen, ob ein Hund Würmer hat – das gilt auch für andere Würmer als Spulwürmer – ist die Untersuchung einer Kotprobe durch ein bakteriologisches Institut. Nur wenn bei einer solchen Untersuchung kein Wurmbefall festgestellt wird, kann auf die Kur verzichtet werden. Während des ersten Lebensjahres müssen jedoch auch die Kotproben in jedem Vierteljahr wiederholt werden.

Vom Bandwurm befallene Hunde werden nach Anweisung des Tierarztes behandelt.

Kupieren

Die Ruten unserer Rassen werden in den ersten Lebenstagen kupiert. Ich habe mir angewöhnt, unsere Zwergschnauzerwelpen erst dann zu kupieren, wenn sie 200 g oder etwas mehr wiegen. Die Gewichtskurve des zu kupierenden Welpen soll zu diesem Zeitpunkt eine steigende Tendenz haben. Gleichbleibendes Gewicht über mehrere Tage oder gar Gewichtsverlust deuten auf eine Krankheit oder eine Störung hin. Solange ein Welpe nicht gesund ist, sollte nicht kupiert werden.

Nach dem Standard werden Ruten bis auf drei Glieder gekürzt. Bei den Zwergrassen sind das, vom After aus gemessen, etwa 1 cm.

Schon seit 1965 ist bei Pinschern und Schnauzern in das Ermessen des Züchters gestellt, ob die Ohren kupiert werden. Hunde mit unkupierten Ohren sind denen mit kupierten in jeder Beziehung gleichgestellt. Wegen der Gefahr von Ohrenkrankheiten ist in Deutschland das Kupieren der Ohren von Welpen erlaubt, allerdings nur während der ersten drei Monate, und zwar nur unter Vollnarkose durch einen Tierarzt oder unter seiner Aufsicht. In Deutschland werden derzeit noch etwa 90 % der Welpen die Ohren kupiert. Der PSK versucht Erfahrungen über die Form und Haltung des unkupierten Ohres und vor allem über Häufigkeit von Ohrenerkrankungen bei Unkupierten zu sammeln.

Schutzimpfungen

Die ersten Schutzimpfungen sollten ab der sechsten Woche gegeben werden, zuerst die gegen Parvovirose, dann mit sieben bis acht Wochen die gegen Staupe, Hepatitis und Leptospirose. Die Wiederholungen erfolgen nach etwa vier bis sechs Wochen und können jetzt als Fünffach-Impfungen mit der Impfung gegen Tollwut kombiniert verabreicht werden.

Der Impfpaß begleitet den Hund durch sein ganzes Leben. Er muß dem Tierarzt vergelegt werden, schon allein um unnötige und damit unter Umständen schädliche Dosierungen zu vermeiden. Auf keinen Fall sollte gleichzeitig mit dem Kupieren der Ohren geimpft werden. Sowohl Narkose wie Schutzimpfung bedeuten jeweils einen gewissen Streß. Beides sollte man daher dem jungen Hund nicht an einem Tag zumuten.

Erstes Trimmen

Wenn meine Zwergschnauzerwelpen nach 9–10 Wochen das Haus verlassen, sehen sie gepflegt aus; es sind dann schon richtige kleine Schnauzer, die gut zurechtgemacht sind. Bis dahin haben sie mindestens schon zweimal auf dem Tisch gestanden und sind getrimmt worden, sind an das Schnurren der elektrischen Haarschneidemaschine gewöhnt und zeigen schon beim zweitenmal keine Unruhe mehr beim Trimmen. Bei Schnauzern gehört die Gewöhnung an den Frisiertisch durch den Züchter zur Welpenerziehung.

Für alle Welpen gilt auch, daß in dieser Phase der Entwicklung das „Zähnezeigen“ geübt werden muß.

Sozialisierungsphasen

Die Welpen machen verschiedene „Sozialisierungsphasen“ durch. Wenn sie in diesen Zeiten nicht mit Menschen und allen Dingen des täglichen Lebens vertraut werden, haben sie später Schwierigkeiten.

In diesen verschiedenen Phasen machen die Welpen die ersten Entdeckungen und Bekanntschaften mit der Umwelt, mit Mutter und Geschwistern und fechten

Zwergschnauzer pfeffersalz, sechs Wochen alt. „Gesi von Old Wattsche", Z.: Marga Höller, Alsdorf.

auch die ersten spielerischen „Rangkämpfe" aus. Wird ein junger Hund mit etwa 6 oder 7 Wochen aus dem Zwinger geholt, ohne daß er vorher Gelegenheit hatte, Menschen, andere Hunde und überhaupt viele Dinge des normalen Lebens kennenzulernen, wird er scheu sein und wahrscheinlich auch scheu bleiben. Ich habe schon öfter erlebt, daß Interessenten aus Mitleid einen solchen Hund kauften und später dann nicht mit ihm fertig wurden. Der Hund geht dann von Hand zu Hand und das Ende vom Lied ist, daß er eingeschläfert werden muß. Solche bedauernswerten Hunde werden oft von Händlern oder unqualifizierten Züchtern angeboten und für gutes Geld verkauft. Gerade der PSK distanziert sich von solchen unseriösen Machenschaften deutlich und versucht hier so schnell wie möglich Abhilfe zu schaffen.

„Hunde nimmt man nicht aus dem Nest" sagte vor 20 Jahren ein bekannter Hundemann. Ist es dann richtig, wenn man schon in den ersten Wochen die Welpen aus der Wurfkiste nimmt? Darf man es überhaupt? Schadete es vielleicht sogar? Verhaltensforscher sagen: „Man soll!" und unsere eigenen Erfahrungen bestätigen das.

In den ersten Tagen genügt sicherlich schon das Hantieren mit den Welpen beim täglichen Wiegen und sonstigen kurzen Kontrollen.

Je jünger die Welpen sind, um so aufmerksamer, in den ersten Tagen eher etwas aufgeregter, verfolgen die Mütter den aus der Wurfkiste genommenen Wel-

Mittelschnauzerhündin pfeffersalz, mit 3 Wochen alten Welpen.

pen. In der zweiten Lebenswoche scheinen die Mütter schon gleichmütiger. Alle meine Hündinnen haben mir jederzeit vom Augenblick der Geburt an ohne einen Mucks erlaubt, ihre Welpen auf- und wegzunehmen. Sie nehmen dies als selbstverständlich hin, ebenso wie sie es offenbar erwarten, daß man bei der Geburt dabei ist und notfalls hilft.

Man sollte zum Beispiel keinen Welpen kaufen aus einer Zucht, in der die Mutterhündin den Züchter nicht vorbehaltlos vom ersten Tag an die Welpen heranläßt.

Die ersten 14 Tage halten sich die anderen Hunde in respektvoller Entfernung; wenn wir nicht da sind, wird die Tür zum Welpenzimmer verschlossen. Im übrigen stehen bei mir die Wurfkisten in den ersten drei Wochen in einem kleinen Laufstall, der weniger für die ja noch sehr ruhigen Welpen gedacht ist, sondern als Grenze für die anderen Hunde. Diese Grenze haben meine Hunde auch immer respektiert.

Liebevolle Aufzucht prägt die Welpen für ihr ganzes Leben. RSs „vom Burghölzle", E. Häcker, Haltingen.

Wenn ich zwei Würfe gleichzeitig habe, halte ich sie ebenfalls 14 Tage getrennt, in getrennten Zimmern, dann in verschiedenen Ecken in einem Zimmer, je mit ihrer Wurfkiste, umgeben vom Laufstall. Wenn die Welpen 4–5 Wochen alt sind, verschwinden die Laufställe, die Welpen nehmen miteinander Kontakt auf. Verirrt sich ein Welpe zur falschen Mutter, wird er – je nach Temperament – abgewiesen, jedoch nicht gebissen. Ich habe erlebt, daß eine Hündin geduldig alle Welpen säugt, während die andere nur ihre eigenen versorgt. Daß der Züchter die Welpen von zwei oder drei durcheinanderlaufenden Würfen auseinander halten kann, das heißt, jeden Welpen seiner Mutter zuordnen kann, muß dabei gewährleistet sein. Mir hat dies niemals Schwierigkeiten gemacht, da die einzelnen Hunde (bei aller Ausgeglichenheit untereinander) immer an der einen oder anderen Einzelheit zu erkennen sind, an Unterschieden in der Größe und der Farbe (allerdings nicht bei Schwarzen) und natürlich noch im Geschlecht.

Wenn man Welpen mit anderen Hunden oder zwei Würfe zum erstenmal zusammenläßt, muß man dabeisein und beobachten. Es gibt auch Hündinnen, die sich nicht vertragen. Wenn sie nicht immer zusammenleben, sollte man nicht gerade während der Welpenaufzucht versuchen sie aneinander zu gewöhnen; es könnte im schlimmsten Fall für die Welpen tödlich sein oder zu schweren Verletzungen führen.

Ab der sechsten Lebenswoche leben die Welpen tagsüber, besonders im Sommer, mit allen meinen Hündinnen zusammen. Fremde Hunde kommen, einer möglichen Krankheitsübertragung wegen, während der ersten zwei Monate dann nicht ins Haus.

Erst ab der fünften Woche lasse ich fremde Menschen zu den Welpen, aber es wird niemand gestattet, auch später nicht, Welpen auf den Arm oder Schoß zu nehmen. Nicht jeder kann mit Welpen richtig umgehen, und man muß ja nicht riskieren, daß sich ein Welpe beim Runterfallen verletzt oder zu Tode erschreckt.

Alle Geräusche, die Welpen während der ersten Lebenswochen kennenlernen, erschrecken sie später nicht mehr. So flüchten sie z. B. beim ersten Staubsaugergebrumm in den Schlafkorb, ein paar Tage später reagieren sie schon nicht mehr auf dieses Geräusch. Das gilt z. B. auch für Türenknallen, Klingeln, Rappeln mit Dosen und Töpfen, Händeklatschen und vieles mehr.

Verkauf von Welpen

Die meisten Züchter geben den Käufern der Welpen genaue Fütterungsanleitungen mit. Das ist sicher wichtig für die neuen Besitzer, besonders wenn es der erste Hund ist, aber genauso wichtig ist es, dem Käufer klarzumachen, daß der junge Hund ständigen Kontakt zu seinem neuen Herrchen braucht. Wenn die Welpen abwechslungsreich ernährt wurden, gibt es übrigens kaum Schwierigkeiten bei der Umgewöhnung. Probleme können dann auftreten, wenn zuvor nur eine bestimmte Futtersorte in der gleichen Zusammensetzung gegeben wurde.

Korrekt getragene unkupierte Ohren eines pfeffersalzfarbenen Zwergschnauzers.

Dem Züchter bekannte Fehler, wie Fehlfarben, Kiefermißbildungen, Einhodigkeit oder Hodenlosigkeit bei Rüden müssen dem Käufer angegeben werden. Hunde, die zur Zeit der Abgabe Fehler aufweisen, die die spätere Zuchttauglichkeit in Frage stellen, werden für einen geringen, höchstens den halben normalen Preis abgegeben.

Ich empfehle auch immer wieder, im Kaufvertrag, den in diesem Falle der Käufer mit unterschreiben sollte, zu vermerken, warum ein Welpe billiger abgegeben wurde; der Käufer muß eventuelle Risiken kennen. Auch in einem solchen Fall gehört die Ahnentafel zum Hund. Von Auflagen im Kaufvertrag rate ich ab. Auf der einen Seite steht der Hund mit der Ahnentafel, auf der anderen Seite ein verbindlicher Kaufpreis.

Es gibt auch Verträge, in denen ein Zuchtrecht vereinbart ist; eine Hündin muß dem Züchter auf Verlangen zur Zucht zur Verfügung gestellt werden, ein Rüde soll kostenlos für Deckakte bereitstehen, oder der Hund darf nur mit einer Erlaubnis des Züchters belegt werden oder zum Decken freigegeben werden. Meine Erfahrungen als Klubvorsitzender mit solchen Zusatzverträgen sind schlecht. Ich rate Züchtern davon ab, Käufer sollten auf keinen Fall darauf eingehen. Nicht selten geraten solche Abmachungen, zumal wenn sie nicht ganz präzise schriftlich festgelegt wurden, vor den Kadi.

Mit neun bis zehn Wochen ist es dann soweit, daß die jungen Hunde an die neuen Besitzer abgegeben werden können. Nicht immer liegen genügend Anfragen vor, so daß ein Züchter auch damit rechnen muß, daß die jungen Hunde noch einige Wochen, manchmal sogar noch einige Monate, bei ihm bleiben, bis der letzte verkauft ist. In dieser Zeit muß der Züchter auch all das an notwendigen Erziehungsaufgaben übernehmen, was sonst ausschließlich für den Käufer eines Welpen gilt.

Neben der körperlichen Pflege brauchen die Welpen in diesem Alter hauptsächlich Kontakt mit Menschen und sie gehören dann auch schon einmal an die Leine. Es zeugt von Unverständnis oder Bequemlichkeit, wenn sich Züchter hinter der Ausrede verstecken: „Wir wollen den kleinen Hund nicht zu sehr an uns gewöhnen, sonst hat es der neue Besitzer nachher so schwer!" Oder wie oft habe ich schon Züchter gehört, die stolz sagten: „Diese jungen Hunde sind noch völlig roh, sie kennen noch gar nichts, nur ihre vier Wände. Sie sind also unbeeinflußt, und man kann sie also völlig unverdorben nach den eigenen Vorstellungen formen, erziehen und ausbilden." Das ist absolut falsch!

Ein Züchter, der abgabebereite Welpen, und zwar jeden einzeln für sich, nicht so behandelt, als ob der Hund immer bei ihm bleiben würde, handelt verantwortungslos. Tatsächlich ist es so, daß Welpen, die Familienanschluß hatten, und so innig der Kontakt mit der Familie des Züchters auch war, sich am besten in einer neuen Umgebung zurechtfinden.

Und selbst wenn ein Riesenschnauzerzüchter dagegenhält: „Und was ist, wenn der junge Hund aus so idealen Verhältnissen dann in einen Zwinger muß?" Ein solcher Wechsel wird dem Hund sicher schwerfallen. Aber er muß in einem solchen Fall ja nicht verkauft werden.

Schnauzer und Pinscher auf Zuchtschauen

Warum Zuchtschauen?

Auf Zuchtschauen soll der einzelne Hund beschrieben und bewertet werden. Das wichtigste Ergebnis einer Bewertung ist Zulassung oder Nichtzulassung zur Zucht.

Auf Zuchtschauen werden Hunde gleicher Altersgruppen, gleichen Geschlechts und gleicher Rasse im Wesen, Gesamtbild und in ihren Einzelheiten miteinander verglichen und entsprechend placiert.

Nehmen Hunde mehrerer, bzw. vieler Rassen an einer Zuchtschau teil, werden die besten Hunde der einzelnen Rassen einander gegenübergestellt und die Tages- oder Schaubesten ermittelt.

Die Bewertung eigener Hunde und der Vergleich mit den anderen Hunden von Züchtern und Haltern helfen bei der Zucht. Liebhaber und Besucher einer Schau können sich in kurzer Zeit einen besseren Überblick über das Gesamtbild einer Rasse verschaffen.

Für Aussteller überwiegt das Interesse an Bewertungen, Noten und Placierungen. Vornehmlich die Besitzer der Erstplacierten interessiert zusätzlich das Gesamtergebnis in bezug auf Gruppen- und Tagessieger.

Hundeliebhaber können auf einer Zuchtschau die Unterschiede zwischen einzelnen Rassen genauer vergleichen. Die laut und deutlich vorgetragenen Beurteilungen einzelner Hunde im Ring und zum Ausklang einer Zuchtschau die Präsentation der Rassesieger und Zuchtgruppen und die gemeinsame Vorstellung aller Sieger mit Hinweisen auf Einzelheiten schärfen das Beurteilungsvermögen.

Besondere Ringe bieten Hundesportlern darüber hinaus Gelegenheit, Leistungs- und Breitensport in breiter Palette darzustellen. Diese Vorführungen sind immer dicht vom Publikum umlagert, und das, obwohl es hierbei nicht um Sieg und Platz geht.

Allgemeine und internationale Zuchtschauen

Allgemeine und internationale Schauen werden im Bundesgebiet vom Verband für das Deutsche Hundewesen oder von seinen Landesverbänden organisiert. An diesen Zuchtschauen können Hunde aller Rassen mit vom VDH und von der FCI anerkannten Ahnentafeln teilnehmen. Da auf allgemeinen Schauen im Gegensatz zu „internationalen“ keine Anwartschaften für den Siegerteil „Internationaler Schönheits-Champion“ vergeben werden, werden praktisch nur internationale Schauen durchgeführt. Im Bereich der BRD sind das derzeit etwa 8 bis 10 Veranstaltungen pro Jahr. Sie werden wegen der zur Vergabe kommenden Anwartschaften für den „Internationalen Schönheits-Champion“ (Certificat d'Aptitude au Championat international de Beauté = CACIB) auch CACIB-Schauen genannt.

Auf einer der jedes Jahr stattfindenden CACIB-Schauen wird vom VDH der Bundessiegertitel vergeben. Seit einigen Jahren wird eine zweite CACIB-Schau als Europa-Sieger-Zuchtschau durchgeführt.

Der Bundessiegertitel genießt aus zwei Gründen höheres Ansehen. Erstens hat er eine größere Tradition und zweitens wird er nur einmal jährlich vergeben. Europa-Sieger-Zuchtschauen werden auch in einigen anderen europäischen Ländern jährlich durchgeführt.

Die Rassezuchtvereine beteiligen sich an CACIB-Schauen durch Angliederung von Sonderschauen. Die praktische Auswirkung einer solchen „Angliederung“ ist, daß der betreffende Verein vom Veranstalter einen Meldegeldanteil bekommt und damit die Kosten für die Zuchtrichter finanziert. Dafür darf der Verein die Zuchtrichter selbst festlegen und einladen. Für diejenigen Rassen, die nur in wenigen Exemplaren ausgestellt werden, legt der Veranstalter die Richter fest.

Neben den Titeln: „Deutscher Bundessieger“ und „Europasieger“ werden von der FCI das „CACIB“ als Anwartschaft zum „Internationalen Schönheits-Champion“, vom VDH eine Anwartschaft für den Titel „VDH-Champion“ und evtl. von den Klubs Anwartschaften (CAC), für den Titel „Nationaler Schönheits-Champion“ vergeben. Die Bedingungen bis zur endgültigen Vergabe von Siegertiteln werden später noch erläutert.

Die Bedingungen und Ausführungsbestimmungen für CACIB-Schauen sind in allen der FCI angehörigen Ländern gleich.

Riesenschnauzer mit ihren Besitzern im Ring.

PSK-interne Zuchtschauen

Die Rassenhundeklubs führen auch Spezialzuchtschauen durch. Die Spezialzuchtschauen im Pinscher Schnauzer Klub sind durch eine besondere Zuchtschauordnung geregelt.

Ortsgruppenzuchtschauen: Hier werden die jungen und alten Hunde der Ortsgruppenmitglieder vorgestellt. Diese Schauen sollen in der ersten Jahreshälfte durchgeführt werden, und auf ihnen wird lediglich eine „Zuchtbewertung" vergeben, jedoch keine Anwartschaften für irgendwelche Siegertitel.

Klubsiegerschauen: Hier wird eine besondere „Klubsiegeranwartschaft" (KSA) und eine Anwartschaft für den Titel „Deutscher Schönheits-Champion" (CAC) vergeben, daneben kann die ausrichtende Gruppe noch die Vergabe der VDH-Champion-Anwartschaft beantragen. Während bei den Ortsgruppenzuchtschauen nur die Ortsgruppenmitglieder und eventuell noch Mitglieder benachbarter Ortsgruppen mit ihren Hunden teilnehmen, sind bei den Klubsiegerschauen alle Klubmitglieder mit ihren Hunden zugelassen und können Anwartschaften erringen.

Eine **Landesgruppenzuchtschau,** die von jeder Landesgruppe einmal jährlich im Herbst ausgerichtet wird, kann nur von den Mitgliedern der eigenen Landesgruppe beschickt werden. Hier gibt es für die ersten Hunde jeder Klasse noch die Anwartschaft für den „Deutschen Champion" (CAC) und eine Anwartschaft für den „Klubsieger" (KSA) und eventuell noch eine Anwartschaft für den Titel „VDH-Champion".

Höhepunkt einer jeden Zuchtschau ist die „Vorstellung der Zuchtgruppen".

Die erstplacierten Hunde (außer in Jugendklassen) erhalten außerdem die nur in der eigenen Landesgruppe zu erringende „Siegeranwartschaft" (SA), die weitere Voraussetzung für die Verleihung des Titels „Deutscher Schönheits-Champion" ist.

Alle diese Schauen erfreuen sich großer Beliebtheit, und vor allem Besitzer von erfolgreichen Hunden fahren oft von Schau zu Schau, um ihren Hund zu zeigen und noch mehr Trophäen einzusammeln.

Das große Familienfest des PSK ist die **Jahressiegerauslese,** die jährlich einmal stattfindet. Jede Ortsgruppe kann sich um die Ausrichtung bewerben. Hier kann jeder teilnehmen, dessen Hund sich auf der eigenen Landesgruppenzuchtschau im Vorjahr qualifiziert hat, oder danach in

Jugendklassen dreimal die Note Sehr gut oder insgesamt dreimal die Note Vorzüglich erhalten hat. Hunde mit bereits errungenen Siegertiteln können grundsätzlich teilnehmen. Hier werden die Titel „Jahressieger des PSK", „Jahresjugendsieger des PSK" und „Seniorensieger des PSK" vergeben. Bei einem Meldeergebnis von meist über dreihundert Hunden ist es gar nicht so einfach, diese begehrten Titel zu erringen.

Die Richter für die Jahressiegerauslese, Bundessiegerzuchtschau und Europasiegerzuchtschau werden vom Vorstand ausgewählt, für die anderen Schauen laden die ausrichtenden Gruppen selbst ein.

Die gültige Zuchtschauordnung des PSK

1. **Allgemeines**

1.1 Zweck

Auf Zuchtschauen und Ausstellungen soll die Zuchttauglichkeit und der Formwert des Hundes ermittelt werden. Weiterhin stehen Beratung, Werbung, Kontakterhaltung im Vordergrund. Außerdem können Siegertitel und Preise errungen werden.

1.2.1 Besondere Hinweise

Alle Hunde sind an der Leine zu führen. Bissige Hunde müssen einen Maulkorb tragen. Die Aussteller sind verpflichtet, bis zum Schluß der Zuchtschau auf dem Ausstellungsgelände zu bleiben. Beim früheren Verlassen besteht kein Anspruch auf Urkunden, Sofortrichterberichte und ggf. Ehrenpreise.

1.2.2 Die Zuchtschauleitung übernimmt die Haftpflicht als Veranstalter unter Ausschaltung der persönlichen Haftpflicht des Hundebesitzers und Hundehalters. Die Hundebesitzer haften für alle Schäden, die ihre Hunde anrichten, nach den Bestimmungen des BGB.

1.2.3 Kann im Falle höherer Gewalt die Ausstellung nicht stattfinden, auch nicht auf einen späteren Termin verlegt werden, so ist die Schauleitung berechtigt, einen Teil der eingesandten Meldegebühren zur Deckung entstandener Unkosten zu verwenden.

1.2.4 Ausgesprochene Bewertungen sind, außer bei Formfehlern, nicht anfechtbar. Beschwerden und Reklamationen sind nur während der Zuchtschau möglich.

1.2.5 Ungebührliche Kritik an Richterurteilen wird geahndet. Sie kann u. a. Ausstellungssperre, zumindest Ringverweis, zur Folge haben.

1.2.6 Zuchtrichter und Richteranwärter dürfen nur ihre eigenen Hunde vorführen.

1.2.7 Nur gemeldete Hunde dürfen in das Ausstellungsgelände gebracht werden.

1.2.8 Die Ahnentafeln der gemeldeten Hunde sind mitzubringen und bei Aufforderung vorzulegen. Bei Hunden mit Ausbildungskennzeichen sind die Leistungsurkunden ebenfalls auf Aufforderung vorzulegen.

1.3 Kataloge und Richterberichte

Bis auf Ortsgruppenzuchtschauen sind für alle Schauen Kataloge vorgeschrieben. Sofortrichterberichte sind für alle Schauen vorgeschrieben.

1.4 Klasseneinteilung

Die nachstehend aufgeführte Klasseneinteilung ist für alle klubinternen Schauen gleich:

Ehrenklasse: Hunde, die nicht mehr im zuchtfähigen Alter sind

Seniorenklasse: ab 7 Jahre

Siegerklasse: auf internationalen Schauen nur mit den Titeln „Internationaler Schönheits-Champion“, Nationaler Schönheits-Champion, VDH-Champion, Weltsieger, Europasieger-VDH und Bundessieger-VDH. (Diese FCI-Bestimmung wird nicht in allen Ländern einheitlich befolgt.) Auf klubinternen Schauen sind alle Sieger ohne Jugendsieger zugelassen.

Offene Klasse: zuchtfähiges Alter

Gebrauchshundklasse: mit Ausbildungskennzeichen, ab zuchtfähigem Alter

Zuchtklasse: zuchtfähiges Alter, im Besitz des Züchters

Jugendklasse: ab 9 Monate, noch kein zuchtfähiges Alter

Jüngstenklasse: ab 5 Monate, noch nicht 9 Monate alt.

Für an allgemeine und internationale Ausstellungen angegliederte Sonderschauen gilt die Klasseneinteilung des VDH.

1.5 Zuchtgruppen

Zu allen Schauen können Zuchtgruppen gemeldet werden. Eine Zuchtgruppe besteht aus mindestens drei Hunden eines Züchters, sie müssen nicht im Besitz des Züchters, aber auf der gleichen Zuchtschau gemeldet sein und in ihren Klassen mindestens die Note Gut erhalten haben.

1.6 Noten

Auf allen Schauen können folgende Noten vergeben werden:

Vorzüglich, Sehr gut, Gut, Ungenügend (zur Zucht nicht geeignet).

In der Jüngstenklasse werden keine Noten vergeben, aber es wird in dieser Klasse abstufend nach „Vielversprechend“, „Gut veranlagt“ und „Noch sehr jugendlich“ unterschieden.

1.7 Placierung

Auf Landesgruppenzuchtschauen, Spezialzuchtschauen und angegliederten Sonderschauen gelten die Bestimmungen des VDH. Es werden 1., 2., 3. Preise und ein Reservepreis (der 4. Preis) vergeben. Auf Ortsgruppenzuchtschauen wird nicht placiert. Doppelmeldungen sind nicht zulässig.

2. **Ortsgruppenzuchtschauen**

2.1 Termin

1. Jahreshälfte.

2.2 Ort

Ein Ort im Bereich der ausrichtenden Ortsgruppe.

2.3 Teilnehmer

Mitglieder der Ortsgruppe und benachbarter Gruppen. Es können auch Ortsgruppen gemeinsam eine Schau ausrichten.

2.4 Ausrichter

Ist die Ortsgruppe. Die Schau ist der Geschäftsstelle mindestens 6 Wochen vorher zu melden.

2.5 Richter

Der Richter wird von der Ortsgruppe eingeladen und ist ebenfalls der Geschäftsstelle zu melden. Er darf nicht der ausrichtenden oder teilnehmenden Ortsgruppe angehören.

2.5 Anwartschaften

Werden nicht vergeben.

2.7 Siegertitel

Werden nicht vergeben.

3. Landesgruppenzuchtschauen

3.1 Termin
2. Jahreshälfte

3.2 Ort
Im Bereich einer Ortsgruppe der zuständigen Landesgruppe.

3.3 Teilnehmer
Nur Hunde von Mitgliedern der Landesgruppe.

3.4 Ausrichter
Landesgruppe, die Ausrichtung kann auch einer Ortsgruppe übertragen werden. Die Schau muß der Geschäftsstelle mindestens 6 Wochen vorher gemeldet werden. Es muß angegeben werden, ob VDH-Ch-A vergeben werden soll. Diese Vergabe wird von der Geschäftsstelle beim VDH beantragt.

3.5 Richter
Die Richter werden von der Landesgruppe eingeladen und müssen dem Richterobmann mitgeteilt werden; sie dürfen nicht der Landesgruppe angehören.

3.6 Meldegeld
Bei Vergabe der VDH-Championanwartschaft sind für jeden gemeldeten Hund DM 1,– an den VDH zu überweisen.

3.7 Anwartschaften
Die V1-Hunde in Offenen, Zucht-, Gebrauchshund-, Sieger- und Seniorenklassen erhalten ein CAC (Anwartschaft für den Deutschen Champion). Die V2-Hunde können das CAC erhalten, wenn der V1-Hund die Voraussetzungen für den Titel oder den Titel selbst schon hat. Die V1-Hunde der Offenen, Zucht-, Gebrauchshund- und Siegerklassen erhalten außerdem die SA (Siegeranwartschaft für den Titel Deutscher Schönheits-Champion). Wenn ein V1-Hund die SA schon hat, bekommt der nächste V-Hund die SA, falls auch der sie schon haben sollte, der nächste V-Hund usw.

Die SA wird je angefangene 5 Hunde einer Klasse 1 × vergeben.

Die V1-Hunde der Offenen, Zucht-, Gebrauchshund-, Sieger und Seniorenklassen erhalten eine Anwartschaft für den Titel Klubsieger (KSA). Falls ein V1-Hund die drei für den Titel erforderlichen KSA schon hat, wird die KSA an den nächsten V-Hund vergeben. Anwartschaften zum VDH-Champion (VDH-CH-A) können nur auf Antrag beim VDH, der über die Geschäftsstelle des PSK laufen muß, an die V1-Hunde der Offenen, Zucht-, Gebrauchshunde- und Siegerklassen vergeben werden. Die V2-Hunde dieser Klassen erhalten das VDH-CH-Res.

3.8 Für Landesgruppen-Zuchtschauen sind Überdachungen vorgeschrieben.

3.9 Teilnahme von ausländischen Mitgliedern des PSK an den Landesgruppenzuchtschauen
Hunde ausländischer Mitglieder können an der Landesgruppenzuchtschau ihrer Landesgruppe teilnehmen. Der beste V-Hund ausländischer Mitglieder bekommt in der Offenen, Zucht-, Gebrauchshund- und Siegerklasse die SA für den Deutschen Schönheits-Champion. Nehmen Mitglieder verschiedener Nationalitäten an der Schau teil, bekommt jeweils der erste Hund einer Nationalität die Siegeranwartschaft (falls er mit V bewertet wurde).

4. Jahressiegerauslese

4.1 Ausrichter
Der Pinscher Schnauzer Klub.

Eine Ortsgruppe oder eine Landesgruppe des PSK kann sich beim Vorstand um die Ausrichtung und technische Leitung bewerben.

4.2 Die Richter werden vom Vorstand des PSK festgelegt.

4.3 Teilnehmer

Alle V-Hunde der Landesgruppenzuchtschauen des Vorjahres. Alle SG-Hunde der Jugendklassen der Landesgruppen des Vorjahres.

Außerdem: Alle Hunde, die schon 3 × Vorzüglich erhalten haben (außer Jugendklassen).

Alle Hunde, die nach der Landesgruppenzuchtschau des Vorjahres 3 × in Jugendklassen mit SG bewertet wurden.

Alle Hunde mit Siegertiteln.

Die Hunde müssen der Geschäftsstelle des PSK gemeldet werden, die Einladung wird in der Klubzeitung bekanntgegeben.

4.4 Klassen

Offene Klasse, Gebrauchshundklasse, Zuchtklasse, Siegerklasse, Jugendklasse, Seniorenklasse und Ehrenklasse.

4.5 Bewertung

Alle teilnehmenden Hunde erhalten bei Bestätigung der Note Vorzüglich (in den Jugendklassen bei der Bestätigung der Note SG) ein CAC für den Deutschen Schönheits-Champion.

4.6 Die erstplacierten Hunde der Offenen, Gebrauchshund-, Zucht- und Siegerklasse werden – nach Rassen, Farbe und Geschlechtern getrennt – gegenübergestellt. Aus ihnen werden die Jahressieger ermittelt. Sie erhalten den Titel „Jahressieger 19...“.

4.7 Die ersten Hunde der Seniorenklasse erhalten den Titel „Seniorensieger 19...“.

4.8 Die Ersten der Jugendklassen erhalten den Titel „Jahresjugendsieger 19...“.

5. Klubsieger-Zuchtschauen

5.1 Termin

Beliebig (Abstimmung mit der Landesgruppe und der Geschäftsstelle des PSK ist erforderlich).

5.2 Ort

Im Bereich einer Ortsgruppe.

5.3 Teilnehmer

Hunde unserer Rassen im Besitz von PSK-Mitgliedern.

5.4 Ausrichter

Eine Landesgruppe oder eine Ortsgruppe.

5.5 Richter

Die Richter werden von der ausrichtenden Gruppe eingeladen und dem Richterobmann und der Geschäftsstelle mitgeteilt.

5.6 Anwartschaften

Die V1-Hunde der Offenen, Zucht-, Gebrauchshund-, Sieger- und Seniorenklassen erhalten ein „KSA“ für den Klubsiegertitel. Falls ein Hund die drei für den Klubsiegertitel erforderlichen KSA schon hat, muß der Richter dem nächsten V-Hund die KSA zusprechen.

Die V1-Hunde der genannten Klassen erhalten zusätzlich ein CAC.

Die Vergabe der VDH-Ch-Anwartschaft muß wie bei LG-Schauen beantragt werden.

Die Anwartschaften werden auch wie bei den LG-Zuchtschauen vergeben.

5.7 Die Anzahl der möglichen KSA-Schauen ist begrenzt. Es kann in jeder Landesgruppe eine Schau je angefangene 500 Mitglieder ausgerichtet werden. Vor Beantragung der KSA-Schau beim Klub ist die Genehmigung der Landesgruppe einzuholen. Bei Interesse sind die Ortsgruppen abwechselnd zu berücksichtigen.

Für KSA-Schauen sind Überdachungen vorgeschrieben.

6. **Angegliederte Sonderschauen**

6.1 An allgemeine oder internationale CACIB-Schauen innerhalb des Bundesgebietes können vom Vorstand Sonderschauen angegliedert werden.

6.2 Auf diesen Schauen gelten die Ausstellungsregeln des VDH.

6.3 Teilnehmer

Alle Hunde unserer Rassen mit vom PSK (bzw. VDH oder FCI) anerkannten Ahnentafeln.

6.4 Sonderleitung

PSK oder eine Orts- oder Landesgruppe des PSK, jedoch im Einvernehmen mit dem Vorstand.

6.5 Gebühren

Die ausrichtende Gruppe bekommt vom Veranstalter eine Vergütung. Davon sind zu bezahlen: Die Kosten für den oder die eingeladenen Richter und alle sonstigen Unkosten.

Schwarzer Riesenschnauzer und Zwergschnauzer; Anknüpfung von Bekanntschaften auf Ausstellungen.

6.6 Richter

Die Richter werden vom PSK oder von der ausrichtenden Gruppe eingeladen und der Geschäftsstelle gemeldet.

6.7 Meldegeld

Wird vom VDH bzw. Ausrichter festgesetzt.

6.8 Anwartschaften

Die V1-Hunde der Offenen, Gebrauchshund- und Siegerklassen erhalten ein CAC für den Deutschen Schönheits-Champion.

Die VDH-Ch-Anwartschaft wird nach den Bestimmungen des VDH vergeben.

CACIB und CACIB-Res. wird nach den Bestimmungen der FCI vergeben.

6.9 Siegertitel werden nach den Bestimmungen der FCI (bzw. Länder) vergeben.

7. **Bedingungen für Siegertitel des PSK**

7.1 Deutscher Schönheits-Champion

Für den Titel sind erforderlich die SA, die nur auf der eigenen Landesgruppenzuchtschau erworben werden kann und fünf CAC, errungen durch Teilnahme an Schauen oder durch Teilnahme an einer Bundesleistungssiegerprüfung – bei bestandener Prüfung – oder bestätigtes V (SG für Jugendklassen) auf Jahressiegerauslesen.

Zwischen dem ersten und letzten CAC muß mindestens ein Jahr liegen.

Die CACs müssen unter mindestens drei verschiedenen Zuchtrichtern errungen sein. Für Riesenschnauzer, Mittelschnauzer und Deutsche Pinscher muß der HD-Befund HD 0 oder HD 1 nachgewiesen werden.

7.2 Jahressieger

Diesen Titel erhält der jeweils beste

Hund der Jahressiegerauslese je Rasse und Geschlecht einmal.

7.3 Seniorensieger

Diesen Titel erhält der jeweils beste Hund der Seniorenklassen der Jahressiegerauslese.

7.4 Jugendsieger

Diesen Titel erhält der jeweils beste Hund der Jugendklassen der Jahressiegerauslese.

7.5 Klubsieger

Diesen Titel erhält ein Hund, der dreimal eine KSA unter mindestens zwei verschiedenen Richtern auf LG-Schauen oder Klubsiegerschauen errungen hat. Für Riesenschnauzer, Mittelschnauzer und Deutsche Pinscher muß der HD-Befund HD 0 oder HD 1 nachgewiesen werden.

7.6 Bundesleistungssieger

Den Titel Bundesleistungssieger erhält der beste Hund der Bundesleistungssiegerprüfung des PSK.

8. VDH-Champion-Titel für alle Rassen

8.1 Der Verband für das Deutsche Hundewesen stellt den Titel „VDH-Champion" für alle Rassen in Wettbewerb.

8.2 Der Titel wird an Rassehunde, deren Reinrassigkeit über mindestens drei Generationen nachgewiesen ist, verliehen, wenn sie für vier Anwartschaften zum Titel vorgeschlagen wurden. Vorschlagsberechtigt sind vom VDH anerkannte Zuchtrichter.

8.3 Auf CACIB- und allgemeinen Rassehund-Zuchtschauen wird die Anwartschaft für den VDH-Champion an die Erstplacierten vergeben. Auf Spezialzuchtschauen der Rassehund-Zuchtvereine kann die Anwartschaft vergeben werden, wenn diese Veranstaltungen mit Genehmigung und Terminschutz der VDH-Terminschutzstelle durchgeführt wurden.

8.4 Der Titel wird verliehen, wenn

a) 4 Anwartschaften von CACIB-Zuchtschauen,

b) 3 Anwartschaften von CACIB-Zuchtschauen und 1 Anwartschaft von einer allgemeinen Rassehund-Zuchtschau,

c) 3 Anwartschaften von CACIB-Zuchtschauen und 1 Anwartschaft von einer durch den VDH geschützten Spezial-Zuchtschau,

d) 2 Anwartschaften von CACIB-Zuchtschauen und 2 Anwartschaften von durch den VDH geschützten Spezial-Zuchtschauen nachgewiesen werden.

Zwischen der ersten und letzten Anwartschaft muß bei Rüden ein zeitlicher Mindestzwischenraum von 24 Monaten und bei Hündinnen von 12 Monaten liegen.

8.5 Die Anwartschaften werden in der Offenen Klasse, der Gebrauchshund- bzw. Arbeitsklasse und der Siegerklasse in Wettbewerb gestellt. Für die Anwartschaft ist in jeder Klasse jeweils der beste, mit der Note „Vorzüglich 1" bewertete Hund in Vorschlag zu bringen, für Rüden und Hündinnen getrennt. Das Mindestalter wird durch die Altersbegrenzung der jeweiligen Klasse bestimmt.

8.6 Sobald die in Verleihungsbestimmungen geforderten Voraussetzungen erfüllt sind, kann der Eigentümer des Hundes Antrag auf Verleihung des Titels VDH-Champion bei der VDH-Geschäftsstelle (Hoher Wall 20, 4600 Dortmund 1) stellen. Dazu sind die 4 bestätigten Anwartschaften sowie eine Fotokopie der Ahnentafel vorzulegen.

Über die Verleihung des Titels wird eine Urkunde ausgefertigt und dem Eigentümer des Hundes, der den Titel errungen hat, zugestellt. Bei Eigentumswechsel während der Anwartschaftszeit begleiten die bereits erhaltenen Anwartschaften den Hund und gehen an den neuen Eigentümer über. Antragsberechtigt ist derjenige, der zu dem Zeitpunkt, zu dem die Bedingungen erfüllt sind, Eigentümer des betreffenden Hundes ist.

9. **Internationaler Schönheits-champion**

9.1 Der Titel wird von der FCI verliehen.
9.2 Voraussetzung sind 4 × CACIB (Anwartschaften) oder bei Gebrauchshunden (im PSK sind das die Riesenschnauzer) 2×CACIB und eine Schutzhund-Prüfung.
9.3 Zwischen dem ersten und dem letzten CACIB bzw. der Schutzhund-Prüfung muß mindestens ein Jahr liegen.
9.4 Die Anwartschaft (CACIB) erhält der beste Hund, beide Geschlechter getrennt, in einer Gegenüberstellung der V1-Hunde der Offenen Klasse, Gebrauchshundklasse und Siegerklasse.
9.5 Das CACIB-Reserve erhält danach der beste Hund dieser drei Klassen, nachdem für den CACIB-Hund der V2-Hund seiner Klasse in den Wettbewerb einbezogen wurde.
9.6 Der CACIB-Reserve-Hund bekommt das CACIB nachträglich von der FCI zugesprochen, wenn der CACIB-Hund den Titel Internationaler Schönheits-Champion schon hat.
9.7 Von den Anwartschaften müssen zwei in Deutschland, bzw. dem Ursprungsland der Rasse, und weitere zwei in verschiedenen Ländern errungen sein.

Ausländische Siegertitel

Nicht nur in Deutschland, auch im Ausland können unsere Hunde Siegertitel erringen; es gibt verschiedene Champione der einzelnen Länder. Außerdem gibt es noch die lokalen Sieger wie zum Beispiel „Sieger Salzburg", oder andere Titel, die in Städten vergeben werden, die aber keine Siegertitel im eigentlichen Sinne sind. Zur Ausstellung in der Siegerklasse auf den Schauen hat die FCI die Bestimmung, daß nur nationale Titel (also etwa der „Deutsche Champion", der „Französische Champion", der VDH-Champion usw.) zur Meldung in Siegerklassen berechtigen.

Vorbereitungen für eine Schau

Zum Druck des Kataloges benötigt der Veranstalter Angaben zum Hund und die Adresse des Besitzers. Diese Daten müssen rechtzeitig zur Verfügung stehen, der Meldeschluß darf nicht versäumt werden. Es ist international üblich, daß nur solche Hunde ausgestellt werden dürfen, die auch im Katalog stehen.

Ich setze diesen Hinweis ausdrücklich an den Anfang, weil z. B. Telefongespräche zwischen vergeßlichen Hundebesitzern und Schauleitungen manchmal das Mehrfache des Meldegeldes ausmachen und letzten Endes doch erfolglos sind. Zur Meldung gehört selbstverständlich auch die rechtzeitige Überweisung der Gebühren.

Die verbindliche Zimmerbestellung sollte ebenfalls zeitig vorgenommen werden. Man läßt sich auch bestätigen, daß Hunde mitgebracht werden dürfen.

Tollwutschutzimpfungen werden nur anerkannt, wenn sie mindestens 4 Wochen zurückliegen und am Tag der Schau nicht älter als ein Jahr sind. Läufige und hochträchtige Hündinnen und auch kranke Hunde gehören nicht auf eine Schau.

Am Haarkleid der Deutschen Pinscher und Zwergpinscher ist außer der üblichen Pflege, wie Bürsten, keine Vorbereitungsarbeit nötig. Schnauzer und Affenpinscher sollten rechtzeitig zurechtgemacht werden, das heißt, bis zu 10 Wochen vorher. Der richtige Zeitpunkt hängt vom Zustand und der Qualität des Haares ab. Hinweise dazu erhält man von der zuständigen Ortsgruppe oder vom Züchter.

Es ist nicht wichtig, wann und wie der Schnauzer zurechtgemacht worden ist, entscheidend ist, wie er am Tage der Ausstellung im Ring steht. Für einen ungepflegten Hund kann der Besitzer keine gute Note erwarten. Ein nicht genau nach den Vorstellungen eines Zuchtrichters zurechtgemachter Hund muß nicht ungepflegt sein. Unter „ungepflegt" verstehe ich verfilztes, verklebtes und schmutziges Haar, verklebte Augenwinkel oder verklebte Afterpartien und übelriechendes Fell. Auch die Beseitigung von eventuell vorhandenem Zahnstein gehört zu den Vorbereitungen.

Vor der Anreise mit dem Auto nicht zu viel füttern. Für den Hund einen Wassernapf, eine mit Wasser gefüllte Flasche und etwas Futter einpacken. Bevor man in den Ring geht, sollte man dem Hund Gelegenheit geben, seine Geschäfte zu verrichten. Schon mancher Hund hat einen Katzenbuckel beim Trab gezeigt, sich dann seiner Not im Ring entledigt, und siehe da, jetzt konnte er gut laufen.

Der Besitzer ist auch selbst dafür verantwortlich, daß sein Hund rechtzeitig zur Stelle ist. Kommt er zu spät, hat er Pech gehabt. Einmal vergebene Preise und Placierungen werden nicht ungültig gemacht, wenn jemand zu spät kommt.

Daher besser eine Stunde vorher losfahren, damit nicht bereits die kleinste Verkehrsstörung die rechtzeitige Ankunft gefährdet.

Oft fragen Neulinge, was sie tun müssen und was vom Hund auf einer Ausstellung erwartet wird. Die Antwort: Er muß an der Leine laufen und sich das Gebiß kontrollieren lassen, er darf sich durch andere Menschen und Hunde nicht vom flüssigen Trab an der Leine abhalten lassen und er muß auf gewachsenem Boden, Holzboden und auf etwas glattem Kunststoffboden laufen können. Er darf nicht andere Hunde behindern und nicht beißen. Der Richter muß ihn anfassen, die Größe messen und die Hoden kontrollieren können.

Da der Hund einige Runden im Trab laufen muß, sollte sich ein älterer oder behinderter Besitzer rechtzeitig um einen Sportfreund bemühen, der den Hund beim Trab vorführen kann.

Die größten Schwierigkeiten haben Neulinge mit dem sogenannten „Zähnezeigen". Um sicher zu sein, daß später im Ring alles klappt, sollte man all dies üben, auch unter Ausstellungsbedingungen. Wenn man mit dem jungen Hund auf einer kleinen Ortsgruppenzuchtschau anfängt, wachsen Herr und Hund in diese Aufgabe leicht hinein.

Was ist nun beim „Zähnezeigen" zu tun? Am besten stellt sich der Besitzer hinter den sitzenden Hund, die Leine läßt man auf den Boden fallen und hält sie mit

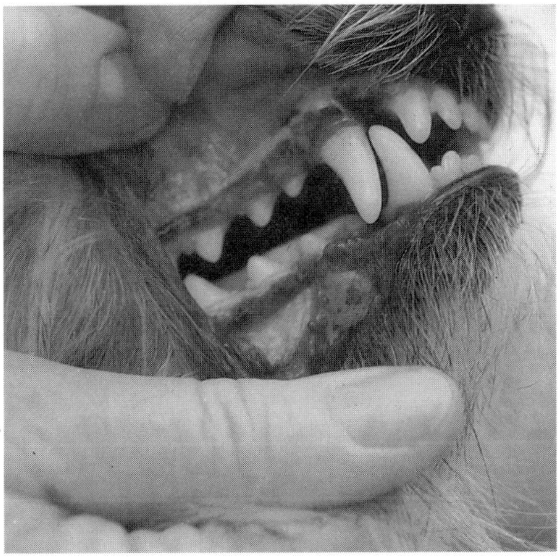

Das „Gebißzeigen“ während der Beurteilung im Ring muß geübt sein.

dem Fuß fest. Mit beiden Händen werden dann an einer Seite, dann vorn und danach an der anderen Seite bei geschlossenem Gebiß die Lefzen bzw. die Lippen nach oben bzw. nach unten gedrückt. Der empfindliche Nasenspiegel darf dabei nicht gequetscht werden. Der Richter muß alle 42 Zähne in Ruhe sehen können (siehe nebenstehende Abbildung).

Beim Traben mit dem Hund wird über die Placierung entschieden.

Im Interesse der übrigen Aussteller und Zuschauer muß man unbedingt dafür sorgen, daß der eigene Hund nicht übermäßig bellt. Man hat manchmal den Eindruck, als ob manche Aussteller den ersten Sinn einer Schau darin sehen, ihren Hund von morgens bis abends kläffen zu lassen.

Im Ring

Zur besseren Übersicht stellen sich die Besitzer mit ihren Hunden in der Reihenfolge entsprechend den Katalognummern auf. Je Hund darf nur ein Hundeführer im Ring sein. Unter Ring versteht man ein abgeteiltes Viereck. Im Ring darf sich während des Richters nur der Richter, die Hundeführer mit ihren Hunden, die Ringhelfer, evtl. Richteranwärter und der Ausstellungsleiter aufhalten. In der Regel nimmt sich der Richter zunächst jeden Hund einzeln vor. Er macht sich Notizen über den Gesamteindruck, das Wesen und Details wie Kopf, Augen, Gebiß, Haar und Farbe, Stand und Bewegung. Danach werden die Hunde beim Einzel- oder gemeinsamen Trab unter Berücksichtigung der vorher ermittelten Details placiert. Beim Trab sind Schulter- und Rückenlage, Korrektheit der Gliedmaßen von vorn, von der Seite und von hinten gesehen wichtig. Der freudig laufende Hund zeigt sich beim Trab auf jeden Fall vorteilhafter als ein gedrückter und gehemmter Hund.

Vorführung von Zuchtgruppen in Israel.

Nachdem die Reihenfolge feststeht, notiert sich der Richter zu den Details und Placierungen die Wertnoten, sowie evtl. Titel und Anwartschaften.

Nach Möglichkeit wird jetzt der Richter die Ergebnisse besprechen und die erteilten Noten begründen. Die Richterberichte werden an Ort und Stelle in die Maschine geschrieben, und der Besitzer erhält Richterbericht, Bewertungskarte usw. Ehrenpreise werden oft nach weiteren Gegenüberstellungen zur Ermittlung des besten Hundes einer Gruppe, der Rasse, der Schau vergeben.

Nach den Einzelbewertungen werden gemeldete Zuchtgruppen bewertet. Eine Zuchtgruppe besteht aus mindestens drei Hunden (Rüden und (oder) Hündinnen) aus einem Zwinger. Sie müssen auf derselben Schau mindestens die Note Gut erhalten haben. Hunde unter neun Monaten können an einem Zuchtgruppenwettbewerb nicht teilnehmen. Zuchtgruppen werden etwa nach folgenden Kriterien in der Reihenfolge ihrer Wertigkeit beurteilt: Typ und Wesen, Qualität der Einzelhunde und Gleichklang von Größen und Farben. Nach erfolgter Bewertung wird der Zuchtrichter besondere Fragen der Aussteller beantworten (falls dazu Zeit ist). Öffentliche Kritik des Richterurteils wird mit Aberkennung der gegebenen Bewertung oder Sperre von weiteren Schauen geahndet.

Berechtigte Beschwerden sind nur an die Ausstellungsleitung am Tage der Schau zu richten. Wenn z. B. falsche Angaben zu Hunden gemacht wurden, wenn Formfehler vorliegen, kann eventuell noch am gleichen Tage eine Revision erfolgen.

Nach der Beurteilung sollte der Hund in seiner Boxe untergebracht werden. Am besten setzt man sich dazu oder bittet eine Begleitperson darum.

Denken Sie auch daran, daß die Besucher einer Zuchtschau ein Anrecht darauf haben, die Hunde zu sehen. Daher unterschreibt jeder Aussteller mit der Meldung zur Schau, daß er mit seinem Hund bis zum Schluß der Veranstaltung bleibt.

Zuchtrichter

Eines der wichtigsten Ämter im Hundewesen ist das des Richters. Von seinen Leistungen und seinem Können hängt die Weiterentwicklung der Zucht im hohen Maße ab. Bewerber für das Amt eines Zuchtrichters werden im Pinscher Schnauzer Klub vom Vorstand oder über die Orts- und Landesgruppen dem Vorstand vorgeschlagen. Sie sollen wenigstens fünf Jahre Mitglied des Klubs sein, mindestens fünf Würfe gezüchtet haben und Erfahrung im Ausstellungswesen und möglichst im Leistungssport haben.

Vor Ernennung zum Zuchtrichteranwärter muß sich der oder die Betreffende dem Vorstand vorstellen. Neben Wissen und Können sind das allgemeine Auftreten und der Gesamteindruck von Bedeutung.

Beschließt nach dieser kurzen Prüfung der Vorstand die Ernennung zum Richteranwärter, dann sind acht praktische Anwartschaften abzuleisten. Sechs davon bei amtierenden Richtern im Ring und die beiden letzten (7 und 8) selbständig unter Aufsicht und Verantwortung eines Vorstandsmitgliedes, das zugleich Zuchtrichter sein soll.

Über jede der acht Anwartschaften muß ein detaillierter Bericht innerhalb von zwei Wochen an die Geschäftsstelle des PSK und an den Richterobmann geschickt werden.

Bevor der Anwärter dann nach abgeleisteten Anwartschaften zu einer Abschlußprüfung vor den Vorstand geladen wird, hat er eine schriftliche Arbeit über ein kynologisches Thema einzureichen.

Was wird auf Schauen beurteilt?

Den nachstehend aufgeführten Katalog von gebräuchlichen Stichworten können Zuchtrichter zur Zeitersparnis bei der Beurteilung benutzen. Die zutreffenden Ausdrücke werden unterstrichen, weitere Feststellungen werden von Hand dazugeschrieben, so daß die Schreibhilfe im Ring danach die Sofortberichte in mehrfacher Ausführung schreiben kann, während der Richter sich schon mit der nächsten Klasse beschäftigt. Diese Zeitersparnis kommt einer ausführlichen Beurteilung der Einzelheiten zugute. Und da sich bei etwa 40–50 von einem Richter an einem Tag zu richtenden Hunden gleicher Rasse eine gewisse Uniformität der Berichte auch bei freiem Diktat kaum vermeiden läßt, ist auch aus diesem Grund die Verwendung von Vordrucken von Vorteil.

Für die Beurteilung von Pinschern und Schnauzern stehen den PSK-Richtern kombinierte Vordrucke mit den deutschen Ausdrücken einschließlich denen der entsprechenden gängigen Fremdsprachen zur Verfügung. Bei Beurteilung von Hunden im Ausland kann die Ringsekretärin also sofort den Richterbericht in der jeweiligen Landessprache schreiben.

Nur diejenigen Hunde, die dem Standard sehr nahe kommen, sollten die höchste Note „Vorzüglich“ erhalten. Hat ein Hund geringe Mängel oder kleine Unebenheiten, kann er immer noch, wenn er sonst überzeugend ist, die Note „Sehr gut“ bekommen. Ist das eine oder andere nicht ganz in Ordnung, der Hund aber im allgemeinen nach dem Standard, kann er mit „Gut“ bewertet werden. Diese drei Noten (außer in Jugendklassen) berechtigen zur Zucht. Die Erfahrung hat gezeigt, daß Hunde, die selbst nicht in allen Teilen hervorragend sind, recht gute Vererber sein können, und es wäre schade, solche Hunde ganz aus der Zucht herauszunehmen.

Neben der Beurteilung der Einzelheiten ist das Gesamtbild wichtig und das „Gangwerk“, also wie der Hund steht und läuft. Der Hund ist in erster Linie ein Lauftier, und wenn das Gangwerk gut ist, kann man etwas weicheres Haar zum Beispiel mit in Kauf nehmen. Oft sind es ja nur ganz geringe Unterschiede, die zwischen „Vorzüglich“ und „Sehr gut“ stehen. Allerdings ist der Hund keine Maschine, die man beliebig aufzieht und die dann läuft. Auch der Hund hat gute und schlechte Tage, und wenn er tagelang vorher in Hochform war, ist er vielleicht am Tage der Schau etwas indisponiert und zeigt sich nicht in seiner vollen Schönheit. Dann spielt es auch eine Rolle, in welcher Konkurrenz der Hund am Tage der Schau steht. Ist es eine kleinere Schau und der Hund hat nur wenig Konkurrenz, kann er natürlich leichter an der Spitze stehen, ist die Schau und die Konkurrenz größer, steht er eher unter „ferner liefen“. Das kommt immer wieder vor, und manche Aussteller fassen eine andere Beurteilung als persönliche Beleidigung auf und reagieren böse. Jeder Richter bemüht sich um eine gerechte und korrekte Urteilsfindung, wobei vor allem die Rassekennzeichen beachtet und bewertet werden. Wenn zum Beispiel beim Riesenschnauzer „wuchtig“ erwünscht ist, so ist das natürlich in Ordnung, wenn dagegen ein Zwergpinscher „wuchtig“ ist, so ist das mit Vorsicht zu betrachten, dann ist der kleine Kerl möglicherweise zu kompakt. „Feingliedrig“ dagegen sehen wir nicht gern beim Riesenschnauzer, er ist einfach nicht der Typ dafür, Zwergpinscher dagegen können es durchaus sein und damit würdige Vertreter ihrer Rasse darstellen. Wenn es im Richterbericht heißt: „bei Bewegung etwas müde“, ist damit sicher nicht das Gangwerk gemeint, sondern die Tatsache, daß der Hund sich nicht von seiner besten Seite zeigt, was bei einer Konkurrenz, die sich besser präsentiert, zu einer niedrigeren Note führen kann. So kommen die Unterschiede in den Bewertungen manchmal zustande. Wenn der Hund sich nicht restlos wohl fühlt, hängt die Rute, und der Rücken erscheint dadurch nicht so kurz und gedrungen, wie es gewünscht wird. Beim nächsten Mal ist er voll da und trägt die Rute hoch, und schon wirkt der Rükken kürzer und strammer!

Der nachstehende Vordruck zeigt die einzelnen Punkte, die beachtet werden müssen:

Gesamteindruck

wuchtig	substanzvoll	mittlere Größe
typisch	kräftig	obere Größe
quadratisch	feingliedrig	untere Größe
kurzrückig	viel Adel	zu schwer
kompakt	noch jugendlich	zu leicht
		gemessen . . . cm

Wesen/Temperament

ausgeglichen	temperamentvoll	gehemmt
frei	einwandfrei	scheu
furchtlos	zutraulich	unfrei
ruhig	nervenfest	aggressiv
selbstsicher	ängstlich	etwas zurückhaltend

Kopf

typisch	zum Körper passend	
gestreckt	etwas Backenansatz	
erstklassig	soll gestreckter sein	

Augen

dunkel	braun	farblich an der Grenze liegend
oval	sollten dunkler sein	
rund		etwas hell

Gebiß

nach Standard	gesund	Zahnstein
kräftig	etwas abgenutzt	dem Alter entsprechend
korrekt	knappe Schere	
komplettes Scherengebiß		Es fehlen . . . .

Haar und Farbe

lackschwarz	drahtig	zu kurz
schwarz	sattes Rot	zu lang
dunkles	braune Tönung	soll besser hergerichtet sein
helles	Rot unsauber	besonders am Kopf – Hals,
mittleres	Haarwechsel	Körper, an Beinen
pfeffersalz		
sehr hart		
gepflegt		

Stand		
korrekter Frontstand	prima Oberlinie	leicht überbaut
prima Winkelung	Unterlinie	steil vorn
erstklassig	abfallende Kruppe	hinten
tiefe Brust	geschlossene Pfoten	leichte Hasenrute
schöne Vorbrust	abfallende Rückenlinie	dreht vorn aus
schöner Hals	breite Front	Hinterhand schwach
Bewegung		
zügig frei	Rücken lose/fest	ringungewohnt
erstklassig	eng vorn	gehemmt
viel Schub	eng hinten	steil hinten
einwandfrei	Rücken steigt an	steil vorn
hervorragend	lose Schultern	überbaut
raumgreifend	etwas müde	steppt
harmonisch	lustlos	kuhhessig
ohne Beanstandung	abfallende Kruppe	Paßgang
fließend	zieht Rücken auf	
schwungvoll		
temperamentvoll		

Sport mit dem Hund

Hundesport allgemein

Schon immer wurden Hunde für bestimmte Zwecke ausgebildet. Der Hund als ältester Begleiter des Menschen half und hilft auch heute noch bei der Jagd, er wacht und schützt, hütet und sucht, er hat Aufgaben bei der Polizei und beim Zoll, wird ausgebildet als Blindenführhund, Katastrophenhund, Rauschgiftspürhund, Lawinenhund, Helfer bei Seenot und für vieles andere mehr.

Daneben wird heute immer mehr regelrechter Sport mit dem Hund betrieben. So muß der Hund über kleine Hürden springen, durch Röhren kriechen, über Bretter laufen und viele weitere Übungen ausführen. Der Besitzer läuft nebenher, und Herr und Hund haben gleichermaßen Spaß und Bewegung.

Weiterhin gibt es aber auch sportliche Aufgaben, die der Hund gezielt zu bewältigen hat und für die er dann ein „Leistungsabzeichen“ erhält. Hier denke ich an die Wachhundprüfung, Ausdauerprüfung, verkehrssichere Begleithundprüfung – heute sicher mit die wichtigste Prüfung für den Hund – und schließlich an den Leistungssport, der unter den Begriffen Unterordnung, Schutzdienst und Suche schon viele Jahrzehnte bekannt und beliebt ist. Auch für jagdlich geführte Hunde gibt es ein organisiertes Prüfungswesen.

Hier einige Zahlen: Etwa 3½ Millionen Hunde soll es in Deutschland geben. Im Verband für das Deutsche Hundewesen (VDH) sind ca. 700000 Hundefreunde über ihre Vereine zusammengefaßt. Überschlägig werden von diesen Mitgliedern jährlich 250000 Hunde gezüchtet. Bei einer durchschnittlichen Lebenserwartung von ca. 8–10 Jahren sind das 2,5 Millionen Rassehunde, die vom VDH erfaßt sind. Der Rest besteht vielleicht zu je 50 % aus Hunden, die nicht von VDH-Mitgliedern gezüchtet werden, und aus Mischlingen.

Wenn man, ohne die Jagdhunde zu berücksichtigen, die Dienstgebrauchshunderassen und den hier seit Jahrzehnten üblichen „Gebrauchshundesport“ betrachtet, gibt es in Deutschland etwa 600000 „Gebrauchshunde“. Ein Drittel treiben Sport, das sind 200000.

Dazu kommt der in den letzten Jahren, ausgehend von Süddeutschland, immer mehr an Beliebtheit gewinnende Breitensport, an dem außer den genannten Diensthunderassen alle gesunden Hunde mit ihren Besitzern – auch Jugendliche und Kinder – teilnehmen können.

Insgesamt sind es sicherlich einige 100000 Menschen mit ihren Hunden, die Sport treiben. Nur das zählt, und nicht die verschiedenen Anschauungen, die einmal ihr vorrangiges Ziel in der Ausbildung des Hundes erblicken und zum anderen den Sport mit dem Hund als Mittel zur Körperertüchtigung des Menschen sehen. Auf die verschiedenen Möglichkeiten der Ausbildung beziehungsweise

Am Breitensport nehmen die Besitzer mit großen und kleinen Hunden gleichermaßen teil.

des Sports komme ich im einzelnen noch zurück.

Riesenschnauzer sind seit 1925 eine anerkannte Diensthunderasse. Sie werden auf Prüfungen am häufigsten geführt, Mittelschnauzer und Deutsche Pinscher seltener. Derzeit machen etwa 25 % unserer Riesenschnauzer Schutzhundprüfungen. Für den Breitensport sind alle geeignet, vom Affenpinscher bis zum Riesenschnauzer.

Für Schutzhundprüfungen gilt die Prüfungsordnung des Verbandes für das Deutsche Hundewesen vom 1. Januar 1986 mit den jeweiligen Nachträgen. Diese Prüfungsordnung ist unter Mitarbeit vieler sachkundiger Hundesportler gewachsen. Wer mit seinem Hund diese höchsten Anforderungen im Sport erfüllen will, muß in der Lage sein, selbst aktiv Sport zu treiben und auch einen erheblichen Anteil an Freizeit dafür aufbringen. Seinen Hund durch einen Sportler ausbilden zu lassen, betrachte ich als eine Notlösung. An einer erfolgreich bestandenen Prüfung haben Hundeführer und Hund jeweils gemeinsam ihren Anteil geleistet. Es ist daher nicht zu erwarten, daß nach der Ausbildung eines Hundes durch einen Fremden der Hund mit seinem Besitzer später die gleiche Leistung vollbringt. Andererseits ist auch davon abzuraten, daß ein Hundebesitzer ohne Praxis seinen Hund nach der Prüfungsordnung ausbildet. Zu Beginn einer sportlichen Tätigkeit mit dem Hund hat sich die Übung in einer Gemeinschaft, in einem Verein, als das Beste herausgestellt. Der Anfänger wird erst sehr viel später begreifen, daß die Prüfungsordnung nur der Rahmen sein kann. Die Feinheiten, auf die es dann bei den großen Wettkämpfen ankommt, muß sich jeder Hundeführer mit seinem Hund mit Hilfe seiner Sportfreunde selbst erarbeiten.

In der Regel werden für die Welpen aus Eltern mit bestandener Schutzhundprüfung I (Sch. H. I), II (Sch. H. II) und III (Sch. H. III) von den Vereinen besonders gekennzeichnete Ahnentafeln ausgestellt (auch beim Pinscher Schnauzer Klub).

Bei einigen Gebrauchshunderassen (nicht beim PSK) werden bestimmte Siegertitel nur an Hunde mit Sch. H. Prüfungen vergeben.

Zur Meldung in Gebrauchshundklassen auf Schauen sind nur Hunde zugelassen, die mindestens Sch. H. I haben; die bestandene Fährtenhundprüfung berechtigt nicht dazu.

Für Jagdgebrauchshundrassen gelten eigene Ordnungen.

Demonstration des Schutzdienstes mit einem Mittelschnauzer.

Schutzhundprüfungen (SchH)

Nachstehend in Kurzfassung die Bedingungen der Schutzhundprüfung A, I, II und III und der Fährtenhundprüfung.

Im Rahmen des Verbandes für das Deutsche Hundewesen gibt es die Arbeitsgemeinschaft der Zuchtvereine und Gebrauchshundeverbände (AZG). Von seiten der Rassezuchtvereine gehören der AZG die diensthundzüchtenden Vereine an, das sind der Verein für Deutsche Schäferhunde e.V., der Allgemeine Deutsche Rottweiler Klub e.V., der Boxerklub e.V., der Dobermann Verein e.V., der Pinscher Schnauzer Klub e.V., der Rassezuchtverein für Hovawart Hunde e.V., der Klub für Terrier e.V. und der Bouvier Klub. Von seiten der Gebrauchshundverbände ist es der Deutsche Hundesportverband (DHV).

In der AZG werden gemeinsame Fragen des Sports und des Prüfungswesens beraten und die Prüfungsordnung festgelegt.

Schutzhundprüfung A (SchH A)

Die Schutzhund A-Prüfung besteht aus den Übungen B (Unterordnungsleistungen) und C (Schutzdienst) der SchH I-Prüfung. Die Fährtenarbeit entfällt hierbei. Ein Ausbildungskennzeichen im Sinne des Schau-, Zucht- oder Körordnung wird nicht vergeben. Höchstpunktzahl 200.

Schutzhundprüfungsstufen I–III (SchH I, SchH II, SchH III)

Die Schutzhundprüfung I, II und III sind jeweils in drei Abteilungen gegliedert:

Schutzhundprüfung Abt. B (Unterordnung).

Die Kletterwand ist 1,80 m hoch und zur Schonung des Hundes schräggestellt.

	Höchst-punkt-zahl	Mindest-punkt-zahl
A (Suche)	100	70
B (Unterordnung)	100	70
C (Schutzdienst)	100	80

Für eine bestandene Prüfung sind also mindestens 220 Punkte erforderlich.

Innerhalb der FCI gilt eine den deutschen Schutzhundprüfungen sehr ähnliche internationale Prüfungsordnung (IPO). Die internationale Prüfungsordnung ist der deutschen Prüfungsordnung gleichgestellt. Sie gilt bei deutschen Sportlern als etwas leichter erfüllbar.

Bedingungen für SchH I

A (Suche): Führerfährte 400–500 Schritte lang, mindestens 20 Minuten alt, 2 Winkel, 2 Gegenstände.

B (Unterordnung): Leinenführigkeit, Freifolgen, Sitzen, Liegen und Kommen, Bringen eben, Sitz und Ablegen.

C (Schutzdienst): Stellen und Verbellen, Überfall, Verfolgen und Stellen und Kampftrieb.

Bedingungen für SchH II

A (Suche): Fremdfährte ohne Verleitung, 600–700 Schritte lang, mindestens 30 Minuten alt, 2 Winkel, 2 Gegenstände.

B (Unterordnung): Leinenführigkeit, Freifolgen, Sitzen, Liegen und Kommen, Bringen auf ebener Erde, Bringen über 1 m Hürde, Bringen über 1,80 m Hürde, Ablegen unter Ablenkung.

C (Schutzdienst): Revieren, Stellen und Verbellen, Flucht und Abwehr, Transport, Überfall, Mutprobe und Kampftrieb.

Bedingungen für SchH III

A (Suche): Fremdfährte ohne Verleitung, 1200–1400 Schritte lang, mindestens 50 Minuten alt, 4 Winkel, 3 Gegenstände.

B (Unterordnung): Freifolgen, Sitz, Ablegen und Kommen, Stehen im

Schritt, Stehen im Laufschritt, Bringen auf ebener Erde, Bringen über 1 m Hürde, Bringen über 1,80 m Hürde, Voraus und Hinlegen, Ablegen unter Ablenkung.

C (Schutzdienst): Revieren, Stellen und Verbellen, Flucht und Abwehr, Transport, Überfall, Einholen und Mutprobe und Kampftrieb.

Fährtenhundprüfung (FH)

Suche: Fremdfährte 1000–1400 Schritte, mindestens drei Stunden alt, 6 Winkel, 3mal von einer weiteren Fremdfährte geschnitten. Der Hund muß vier mit der Witterung des Fährtenlegers versehene Gebrauchsgegenstände, die auf der Fährte abgelegt werden, aufnehmen oder verweisen.

Bei einer Höchstpunktzahl von 100 müssen mindestens 70 Punkte erreicht werden.

Rettungshundprüfung

Der Einsatz gut ausgebildeter Hunde hat sich bei Katastrophen und auch anderen Gelegenheiten bewährt. Es gilt, verschüttete oder vermißte Personen schnell und zuverlässig zu orten.

Die Prüfung ist unterteilt in:

a) Konditionsprüfung

b) Fährtenarbeit unter Einwirkung

c) Unterordnungsleistungen unter Einwirkung

Prüfung für verkehrssichere Begleithunde (BH)

Da die bestandene BH-Prüfung für Mittelschnauzer, Deutsche Pinscher, Zwergschnauzer Zwergpinscher und Affenpinscher als Ankörung gewertet wird, ist sie nachstehend ausführlich wiedergegeben.

Prüfungsordnung für verkehrssichere Begleithunde (BH)

Allgemeine Bestimmungen:
Zugelassen sind Hunde aller Rassen und Größen.

Das Zulassungsalter beträgt zwölf Monate.

Am Schluß der Prüfung werden keine Ergebnisse nach Punkten, sondern nur ein Werturteil „Bestanden“ oder „Nicht bestanden“ vom Richter bekanntgegeben. Die Prüfung ist bestanden, wenn im Teil A 70% der zu erreichenden Punkte und im Teil B die Übungen vom Leistungsrichter als ausreichend erachtet wurden.

Das zu vergebende Ausbildungskennzeichen ist kein solches im Sinne der Zucht-, Schau-, Kör- und Ausstellungsordnung eines Mitgliedsverbandes des VDH mit Ausnahme des PSK; hier gilt die BH-Prüfung als Teil der Körung (siehe Kapitel „Zucht“).

Zu dieser Prüfung darf ein Hund in jedem Fall nur von seinem Eigentümer oder einer mit ihm in Gemeinschaft lebenden Person selbst ausgebildet und vorgeführt werden.

Die Ablegung der Prüfung ist im Wiederholungsfalle an keine Fristen gebunden.

A) Begleithundprüfung auf einem Übungsplatz oder freien Gelände

(Gesamtpunktzahl 50)

1. Leinenführigkeit und Unbefangenheit (15 Punkte) Hörzeichen „Fuß"

Von der Grundstellung aus hat der am Halsband angeleinte Hund seinem HF auf das Hörzeichen „Fuß" freudig zu folgen. Zu Beginn der Übung hat der HF mit seinem Hund etwa 40 Schritt geradeaus hin und zurück zu gehen, ohne Halten zu zeigen. Der Hund hat stets mit dem Schulterblatt in Kniehöhe an der linken Seite des HF zu bleiben, er darf nicht vor, nach oder seitlich laufen. Die Übung ist auf der Geraden im gewöhnlichen, im langsamen und im Laufschritt zu zeigen.

Im gewöhnlichen Schritt sind mindestens eine Rechts-, Links- und Kehrtwendung auszuführen. Die Kehrtwendung ist vom HF als Linkskehrtwendung zu zeigen.

Nur beim Angehen und beim Wechsel der Gangart ist dem HF das Hörzeichen „Fuß" gestattet. Bleibt der HF stehen, hat der Hund sich schnell ohne Einwirkung des HF zu setzen. Der HF darf hierbei seine Grundstellung nicht verändern und insbesondere nicht an den evtl. abseits sitzenden Hund herantreten. Die Führleine soll während des Führens in der linken Hand gehalten werden und muß lose durchhängen. Auf Anweisung des LR geht der HF mit seinem Hund durch eine Gruppe von mindestens vier Personen. Der Hundeführer hat in der Gruppe mindestens einmal zu halten. Die Gruppe hat sich durcheinanderzubewegen.

Zurückbleiben, Vordrängen, seitliches Abweichen des Hundes sowie zögerndes Verharren des HF bei den Wendungen sind fehlerhaft.

2. Freifolgen (15 Punkte) Hörzeichen „Fuß"

Auf Anordnung des Richters wird der Hund aus der Bewegung abgeleint. Der HF hängt sich die Führleine um die Schulter oder steckt sie in die Tasche und begibt sich mit seinem frei folgenden Hund sofort wieder in die Personengruppe, um dort mindestens einmal anzuhalten. Nach Verlassen der Gruppe nimmt der HF kurz die Grundstellung ein und beginnt dann die Freifolge analog der Festlegungen zu Übung 1. Während der HF mit dem freifolgenden Hund die oben beschriebene Übung ausführt (nicht aber beim Gehen durch die Gruppe), sind zwei Schüsse abzugeben.

Der Hund hat sich schußgleichgültig zu verhalten.

Zeigt sich der Hund schußscheu, scheidet er sofort von der Prüfung aus. Zeigt der Hund auf den Schuß Angriffslust, so ist das bedingt fehlerhaft, sofern er noch in der Hand des HF steht. Volle Punktzahl kann nur der schußgleichgültige Hund erhalten.

Ausführungsbestimmungen:

Auf Schußgleichgültigkeit muß besonderer Wert gelegt werden. Die Schüsse werden in einer Entfernung von fünfzehn Schritt abgegeben, und zwar zwei Schüsse im Abstand von zehn Sekunden. Läuft der Hund auf den Schuß weg, ist er von der weiteren Prüfung auszuschließen.

Glaubt der Richter, bei einem Hund Schußempfindlichkeit zu erkennen, steht es ihm frei, ihn durch Abgabe weiterer Schüsse zu erproben.

Die Prüfung auf Schußgleichgültigkeit ist nur bei der Übung „Freifolgen" vorzunehmen.

3. Hinsetzen und Sitzenbleiben
(10 Punkte)

Von der Grundstellung aus geht der Hundeführer mit seinem frei neben ihm sitzenden Hund auf das Hörzeichen „Fuß" oder dergleichen geradeaus. Nach ungefähr 10 bis 12 Schritten hat sich der Hund nun auf das Hörzeichen „Sitz", ohne daß der HF seine Gangart unterbricht oder sich umsieht, schnell hinzusetzen. Der Führer entfernt sich nach dem Kommando „Sitz" in ruhiger Gangart etwa 20 Schritte von seinem Hund. Nach etwa einer Minute kehrt der Führer zu seinem Hund zurück und nimmt an dessen rechter Seite Grundstellung ein. Bis zur Rückkehr des Führers hat der Hund in ruhiger Sitzstellung, wie bei Beginn der Übung, zu verharren.

Hinlegen, Aufstehen oder Nachfolgen sind fehlerhaft.

4. Ablegen in Verbindung mit Herankommen (10 Punkte)

Von der Grundstellung aus geht der Führer mit seinem frei neben ihm sitzenden Hund auf das Hörzeichen „Fuß" oder dgl. geradeaus. Nach ungefähr zehn bis zwölf Schritte hat sich der Hund nun auf das Hörzeichen „Platz" schnell hinzulegen. Ohne andere Einwirkungen auf den Hund und ohne sich umzusehen, geht der Führer noch etwa 20 Schritte in gerader Richtung weiter, dreht sich zum Hund um und bleibt stehen. Auf Anweisung des oder der Richter ruft der Führer seinen Hund heran. Freudig und in schneller Gangart hat der Hund sich dann seinem Führer zu nähern und sich dicht vor diesen zu setzen. Auf das Hörzeichen „Fuß" hat sich der Hund dann neben seinen Führer zu setzen.

Ein Hund, der bei diesen Übungen nicht mindestens 35 Punkte erreicht, scheidet von der weiteren Prüfung aus.

B) Verkehrssicherheitsprüfung in praktischer Ausführung

Allgemeines

Die Übungen sollen im öffentlichen Verkehrsraum (Straßen, Wege oder Plätze) mit mäßigem Verkehr durchgeführt werden. Der öffentliche Verkehr darf nicht beeinträchtigt werden.

Nur der zu prüfende Hund, sein Führer, der Leistungsrichter, gegebenenfalls auch der Prüfungsleiter sind in Aktion. Alle anderen Teilnehmer halten sich mit ihren Hunden abseits an einem geeigneten angewiesenen Ort (Vereinsheim, Übungsplatz, sonstiger Treffpunkt) auf Abruf bereit. Die Durchführung dieses Teils der Prüfung erfordert wegen ihrer Eigenart einen erheblichen Zeitaufwand. Die Leistungsforderungen dürfen nicht durch oberflächliche Abnahme vieler Hunde beeinträchtigt werden. Daher dürfen an einem Prüfungstag höchstens zwölf Hunde geprüft werden.

Punkte werden für die einzelnen Übungen des Teils B nicht vergeben. Für das Bestehen dieser Prüfungsabteilung ist der gesamte Eindruck über den sich im Verkehr bewegenden Hund maßgeblich.

Prüfungsablauf:

1. Führigkeit und Verhalten im Straßenverkehr.

Auf Anweisung des Leistungsrichters begeht der Führer mit seinem angeleinten Hund einen angewiesenen Straßenabschnitt auf dem Gehweg. Der LR folgt dem Führer in angemessener Entfernung.

Der Hund soll an der linken Seite des Führers an lose hängender Leine – mit der Schulter in Kniehöhe des Führers bleibend – willig folgen.

Dem Fußgänger- und Fahrverkehr gegenüber soll sich der Hund gleichgültig verhalten.

Auf seinem Weg wird der Führer von einem vorbeilaufenden Passanten (Auftragsperson) geschnitten.

Kurze Zeit später überholt den Führer ein dicht von hinten vorbeifahrender Radfahrer (Auftragsperson) auf dem Radweg oder der Fahrbahn. Das Vorbeifahren hat so zu erfolgen, daß sich der Hund zwischen Führer und vorbeifahrendem Radfahrer befindet. Im Vorbeifahren wird Klingelzeichen gegeben. Danach macht der Führer kehrt, geht auf den nachfolgenden LR zu, bleibt bei diesem stehen, begrüßt ihn mit Handschlag und unterhält sich mit ihm. Der Hund darf hierbei stehen, liegen oder sitzen, hat sich aber ruhig zu verhalten.

2. Verhalten des Hundes unter erschwerten Verkehrsverhältnissen.

Auf Anweisung des LR bewegt sich der Führer mit seinem angeleinten Hund inmitten stärkeren Passantenverkehrs.

Der Führer hat zwischendurch zweimal zu halten. Beim erstenmal hat sich der Hund auf Hörzeichen zu setzen, beim zweitenmal erhält er das Hörzeichen „Platz“, worauf er sich schnell hinzulegen und liegenzubleiben hat.

Innerhalb dieser Übung ist ein kurzes Verweilen an einer Stelle mit außergewöhnlichen Geräuschen einzuflechten (vorüberfahrende Züge an einer Bahnstrecke, Durchschreiten einer Unter- oder Überführung bei Zugfahrten, Straßenbahn usw.).

Der Hund soll auch im starken Passantenverkehr und bei außergewöhnlichen Geräuschen seinem Führer aufmerksam, willig und unbeeindruckt folgen. (Geeignete Örtlichkeiten für diese Übung: Belebte Plätze, Bahnhofshallen, Omnibusbahnhöfe usw.)

3. Verhalten des kurzfristig im Verkehr angeleint allein gelassenen Hundes; Verhalten gegenüber Tieren.

Auf Anweisung des LR begeht der Führer mit angeleintem Hund den Gehweg einer mäßig belebten Straße. Nach kurzer Strecke hält der Führer auf Anweisung des LR und befestigt die Führleine an einem Zaun, Mauerring oder dergleichen. Der Führer begibt sich dann für zwei Minuten außer Sicht des Hundes in ein Geschäft oder einen Hauseingang.

Der Hund darf stehen, sitzen oder liegen.

Während der Abwesenheit des Führers geht ein Passant (Auftragsperson) mit einem angeleinten Hund in einer seitlichen Entfernung von etwa fünf Schritten am Prüfungshund vorbei.

Der alleingelassene Hund soll sich während der Abwesenheit des Führers ruhig verhalten. Den vorbeigeführten Hund (keine Raufer verwenden) soll er ohne Angriffshandlung (starkes Zerren an der Leine, andauerndes Bellen) passieren lassen.

4. Gehorsamsüberprüfung im Verkehr.

An geeigneter Stelle (Nebenstraße, wo auch sonst das Ableinen eines Hundes möglich und üblich ist) leint der Führer auf Anweisung des LR seinen Hund ab und läßt ihn zwangslos und ohne weitere Einwirkung laufen.

Auf Anweisung des LR ruft der Führer alsdann seinen Hund mit Namen und

Hörzeichen „Hier" zu sich heran und leint ihn an. Der Hund soll schnell zum Führer zurückkehren und sich willig anleinen lassen. Ein zwei- bis dreimaliges Hörzeichen ist erlaubt.

Ob der Hund sich nach der Rückkehr zum Führer zum Anleinen vor diesen setzt oder ob er stehend angeleint wird, bleibt dem Führer überlassen.

Anmerkung:
Es bleibt dem amtierenden Leistungsrichter überlassen, ob er die einzelnen Übungen mit jedem einzelnen Hund an den jeweils vorgesehenen Orten durchführen oder ob er alle Prüflinge nur je eine Übung absolvieren läßt und dann den nächsten Prüfungsort aufsucht und dort ebenso verfährt.

Prüfungsordnung für Wachhunde (WH)

Zugelassen sind Hunde aller Rassen und Größen. Das Zulassungsalter beträgt zwölf Monate. Zum Werturteil „Bestanden" müssen 70 % der möglichen Punkte erreicht werden.

Prüfungsablauf

1. bis 4. Wie bei VB-Prüfung

5. Holen eines Gegenstandes

6. Ablegen des Hundes unter Ablenkungen

7. Anhänglichkeit (Suchen des Hundeführers)

8. Besitzwahrung (Bewachen von Gegenständen)

9. Prüfung auf Wachsamkeit

Breitensport

Der Deutsche Hundesportverband (DHV) hat eine Übungsanleitung herausgegeben, die vor allem die Jugend und die am Leistungssport nicht teilnehmenden Hundehalter anregen soll. Dieses Übungsprogramm ist außerordentlich interessiert aufgenommen worden, im Süden Deutschlands noch mehr, wenigstens zur Zeit, als im Norden.

Das Programm umfaßt: Freizeitwettkämpfe, Gehorsamsübungen, Lauf- und Sprungübungen, Verteidigungsbereitschaft, Schnelligkeit und Geschicklichkeit sowie Geländelauf mit dem Hund. Neben den sportlichen Leistungen des einzelnen Hundeführers mit seinem Hund ist vor allem der Zusammenschluß von mehreren Teilnehmern zu Mannschaften bei Übungen im Wettkampf positiv zu bewerten.

Sport mit dem Hund.

Praktischer Teil der Körung im Pinscher Schnauzer Klub

Anmeldung

Die Körung wird von den Landes- bzw. Ortsgruppen durchgeführt. Terminschutz ist so rechtzeitig beim Leistungsbuchführer zu beantragen, daß eine einmalige Veröffentlichung in der Klubzeitung möglich ist (Redaktionsschluß 4 Wochen vor Erscheinen der Zeitung). Die Anmeldung der Hunde hat schriftlich von den Eigentümern spätestens 8 Tage vor dem Prüfungstermin beim Prüfungsleiter zu erfolgen. Anzugeben ist der zuchtbuchmäßige Name des Hundes, etwa vorhandene Ausbildungskennzeichen, Geschlecht, Wurftag, Name und Anschrift des Züchters und Eigentümers.

Die Teilnahme an einer Körung ist freiwillig.

Alter der Hunde: ab 14 Monate.

Der praktische Teil „Körung" kann vor einem PSK-Körmeister oder einem Leistungsrichter des VDH abgewickelt werden, auch zeitlich vor den Zuchtbewertungen und der HD-Untersuchung.

Wesensprobe

a) Verkehrssicherheit

Der angeleinte Hund (Hunde mit Leistungsabzeichen können unangeleint vorgeführt werden) wird an ein bereitgestelltes Kraftfahrzeug herangeführt. Der Führer des Hundes geht mit dem Hund um das Fahrzeug herum, macht an der Wagentür halt und unterhält sich mit dem im Wagen sitzenden Fahrer durch das offene Fenster. Während der Unterhaltung wird die Tür auf der anderen Wagenseite geräuschvoll, jedoch nicht übermäßig, zugeschlagen. Der Motor des Wagens soll laufen, der Fahrer gibt Signal (zweimaliges Hupen).

b) Verhalten gegenüber einem einzelnen Menschen.

Der Körmeister bewegt sich, ohne Angriffsabsichten zu zeigen, wie ein Spaziergänger auf den Hund zu, ferner geht der Körmeister von hinten an den stehenden Hund heran und bleibt seitlich vom Hund stehen. Bei diesen Proben darf der Hund sich nicht vor dem Körmeister verkriechen, er muß unbekümmert und unbefangen sein.

c) Verhalten gegenüber einer Gruppe von Menschen.

Verschiedene (etwa 5–10 Personen) bilden eine Gruppe, einen Kreis oder zwei Gassen. Der Hund wird mehrere Male von seinem Führer angeleint (Hunde mit Leistungsabzeichen nicht angeleint) durch die postierten Personen geführt. Jede Erschwerung der Erprobung durch unnatürliche oder heftige Bewegungen, überlaute Unterhaltung, Verengung des Kreises oder anderes sind zu unterlassen. Bei dieser Übung soll sich der Hund natürlich und unbefangen, keineswegs ängstlich zeigen.

Schußgleichgültigkeit

Nachdem alle zur Körung vorgeführten Hunde die Wesensproben a), b) und c) absolviert haben, darf mit dieser Überprüfung begonnen werden. Dazu werden die Hunde durch ihre Führer in Gruppen im Stand mit loser durchhängender Leine gezeigt, wobei in einer Entfernung von 15–20 m ein Schuß abgegeben wird. Ein zweiter, dritter und vierter Schuß folgt in einem Abstand von mindestens 10 Sekunden.

Mutprobe

Bei der Überprüfung der Mutprobe wird die Veranlagung des Hundes eingehend überprüft. Jeder Hund ist individuell zu überprüfen.

Es ist das unerschrockene Verhalten des Hundes und der Schneid bei der Abwehr eines Angriffes auf den Hundeführer zu Grunde zu legen. Nicht der am Körtag vorhandene Ausbildungsstand im Schutzdienst, sondern die Veranlagung ist maßgebend.

a) Überfall

Der Führer geht mit seinem angeleinten Hund über den Platz und wird plötzlich von einem aus einem Versteck hervortretenden Scheintäter angegriffen. Der Hund muß sofort den Scheintäter angreifen und fest fassen. Hierbei erhält der Hund vom Scheintäter mit einem leichten, biegsamen Stock oder einer hierfür geeigneten Peitsche zwei Schläge über Rumpf oder Keulen (empfindliche Körperteile dürfen nicht getroffen werden). Auf Anweisung des Körmeisters stellt der Scheintäter den Angriff ein. Hunde mit Leistungsabzeichen haben diese Übungen unangeleint zu bestehen.

b) Verfolgung

Der entwaffnete Scheintäter entfernt sich etwa 50 Schritte, während der Führer den Hund am Halsband festhält. Dann dreht sich der Scheintäter abwehrend um und macht heftige Drohbewegungen gegen den Führer und Hund, worauf der Führer seinen Hund dem Scheintäter nachschickt. Hat der Hund diesen auf 20 Schritte erreicht, geht der Scheintäter abwehrend auf den Hund zu, ohne zu schlagen. Der Hund hat dann sofort zuzufassen. Tut er dies nicht und bedrängt nur hart, muß der Scheintäter einen kurzen Fluchtversuch machen. Hierbei muß der Hund unbedingt zufassen. Ist dies geschehen, ist der Prüfung Genüge getan.

Die Bewertung

Die Bewertung des Wesens erfolgt durch den Körmeister, wobei die Schußgleichgültigkeit mit Ja oder Nein beurteilt wird (zeigt der Hund Angriffszeichen beim Schuß, so ist er nicht zu bestrafen). Bei der Beurteilung der Mutprobe in Verbindung mit dem Wesen hat sich der Körmeister nach folgenden Wertmeßziffern zu richten:

Wmz. 1: Zurückhaltende, vorsichtige, wenig Selbstvertrauen zeigende Tiere.

Wmz. 2: Angriffswütige, schwer ablassende Tiere.

Wmz. 3: Hart, schneidig, selbstsicher, ausgeprägter Kampftrieb, gutartig.

Wmz. 4: Weniger hart, ausgeprägter Schutztrieb, normaler Kampftrieb und Schneid, gutartig.

Wmz. 5: Weich gegen leichte Einwirkungen, nicht ausreichender Schutz- und Kampftrieb.

Angekört werden Hunde, die schußgleichgültig sind mit der Wmz. 2, 3 oder 4 (Hunde mit Wmz.1 oder 5 werden zurückgestellt).

Dauer der Ankörung:

Die Ankörung erfolgt auf Lebenszeit; sie kann wiederholt werden.

Körzucht

Voraussetzung: Die Eltern müssen angekört sein. Die Welpen aus einer Körzucht erhalten entsprechend gekennzeichnete Ahnentafeln.

Leistungszucht:

Voraussetzung: Die Eltern müssen mindestens die SchH I-Prüfung bestanden haben.

Kör- und Leistungszucht:

Voraussetzung: Die Eltern müssen angekört sein und mindestens die Schutzhundprüfung I abgelegt haben. Welpen aus einer Kör- und Leistungszucht erhalten entsprechend gekennzeichnete Ahnentafeln.

Ausdauerprüfung (AD)

(Das Kennzeichen AD ist kein Ausbildungskennzeichen im Sinne der Zucht und Schauordnung)

Zweck:

Die Ausdauerprüfung soll den Beweis erbringen, daß der Hund imstande ist, eine körperliche Anstrengung bestimmten Grades zu leisten, ohne danach erhebliche Ermüdungserscheinungen zu zeigen. Bei den Körperverhältnissen des Hundes kann die geforderte Anstrengung nur in Laufleistungen bestehen, von denen wir wissen, daß sie erhöhte Anforderungen an die inneren Organe, besonders das Herz und die Lunge und ebenso an die Bewegungsorgane selbst stellen, bei denen aber auch andere Eigenschaften, wie Temperament und Härte, zur Auswirkung kommen. Die mühelose Bewältigung der Leistungen muß als Beweis für die körperliche Gesundheit und das Vorhandensein der gewünschten Eigenschaften gelten. Beides ist Vorbedingung für die Verwendung der Hunde zur Zucht.

Anmeldung:

Die Ausdauerprüfung wird von den Landes- bzw. Ortsgruppen durchgeführt. Terminschutz ist so rechtzeitig beim Leistungsbuchführer zu beantragen, daß eine einmalige Veröffentlichung in der Klubzeitung „Pinscher und Schnauzer“ möglich ist (Redaktionsschluß beachten!). Die Anmeldung der Hunde zur Prüfung hat schriftlich vom Eigentümer 8 Tage vor dem Prüfungstermin beim Prüfungsleiter zu erfolgen. Bei dieser Anmeldung ist anzugeben: zuchtbuchmäßiger Name des Hundes, Zuchtbuchnummer, etwa vorhandene Ausbildungskennzeichen, Geschlecht, Wurftag des Hundes, Name und Anschrift des Züchters und des Eigentümers.

Die Teilnahme an einer Ausdauerprüfung ist freiwillig.

Falls im Verlauf einer Ausdauerprüfung ein Hundeführer oder dessen Hund einen körperlichen Schaden erleiden sollte, kann hierfür weder der PSK noch die durchführende Landes- bzw. Ortsgruppe verantwortlich bzw. haftbar gemacht werden.

Zulassung:

Das Mindestzulassungsalter beträgt 14 Monate, das Höchstzulassungsalter 8 Jahre. Zugelassen sind zu einer Prüfung höchstens 20 Hunde bei einem Richter, bei mehr als 20 Hunden muß ein zweiter Richter hinzugezogen werden. Die Hunde müssen gesund und gut durchtrainiert sein.

Kranke, nicht genügend kräftige Hunde, heiße, trächtige oder säugende Hündinnen dürfen nicht zur Prüfung zugelassen werden.

Bewertung:

Punkte oder Wertnoten werden nicht vergeben, sondern nur „Bestanden“ oder „Nicht Bestanden“. Bei „Bestanden“ wird das Kennzeichen AD zuerkannt.

Gelände:

Die Prüfung soll auf Straßen und Wegen von möglichst verschiedener Beschaffenheit (asphaltiert, gepflastert und ungepflastert) abgehalten werden.

Durchführung der Ausdauerprüfung:

Bei Beginn der Prüfung haben sich die Teilnehmer nach Aufruf in sportlicher Haltung mit bei Fuß sitzendem Hund unter Nennung ihres und des Namens des Hundes dem amtierenden Richter vorzustellen. Der Richter hat sich gemeinsam mit dem Prüfungsleiter zu überzeugen, ob der Hund in guter Verfassung ist. Hunde, die einen müden oder lustlosen Eindruck machen, sind von der Teilnahme auszuschließen.

Der Führer muß sich während der Prüfung sportlich verhalten. Böswillige Verstöße gegen die Bestimmungen können die Teilnahme an der Prüfung ausschließen. Die Entscheidung trifft in jedem Falle der Richter, sie ist nicht anfechtbar.

Es sind folgende Leistungen bei einem Tempo von 10–15 km pro Stunde gefordert:

Riesenschnauzer . . . . 20 km
Schnauzer
und Deutsche Pinscher . . . . . . 15 km
Zwergrassen . . . . 10 km

Die Ausdauerprüfung ist während der Sommermonate nur in den frühen Vormittags- oder Spätnachmittagsstunden durchzuführen.

Die Außentemperatur soll möglichst nicht über 22 °C liegen.

Laufübungen:

Der Hund hat (lt. Straßenverkehrsordnung) angeleint an der rechten Seite des Führers in normalen Trabe neben dem Fahrrad zu laufen. Ein überhastetes Laufen ist zu vermeiden. Die Leine muß entsprechend lang gehalten werden, damit der Hund die Möglichkeit hat, sich dem jeweiligen Tempo anzupassen. Leichtes Ziehen an der Leine (Vorprellen) ist nicht fehlerhaft, jedoch ständiges Nachhängen des Hundes.

Während der Laufübung ist eine Pause von 15 Minuten einzulegen. Während der Pause ist dem Hund Gelegenheit zu geben, sich frei und zwanglos zu bewegen. Der Richter hat nur festzustellen, ob der Hund Ermüdungserscheinungen zeigt, bzw. ob er die Pfoten wundgelaufen hat.

Untersuchung:

Nach Beendigung der Laufübung haben auf Anweisung des Richters die Führer mit ihren Hunden bei Fuß Aufstellung zu nehmen. Jeder Teilnehmer hat nach Aufruf mit seinem Hund Unterordnungsübungen entsprechend dem Ausbildungsstand zu zeigen. Die Übungen können auch an lockerer Leine gezeigt werden. Die Ausführung dieser Übung muß nach den Bestimmungen der Prüfungsordnung geschehen.

Schlußbemerkung:

Als nicht bestanden gilt die Prüfung, wenn die Hunde jegliches Temperament und Härte vermissen lassen, außergewöhnliche Ermüdungserscheinungen zeigen und das Tempo von 10 km/h nicht durchhalten, sondern erheblich mehr Zeit brauchen.

Bundesleistungs-Siegerprüfung (BLSP) des PSK

Zulassung:

Die Meldezahl zur PSK-Bundesleistungs-Siegerprüfung wird auf höchstens 20 Riesenschnauzer beschränkt.

Jede Landesgruppe muß eine Ausscheidungsprüfung in der Schutzhundprüfungsstufe III durchführen. Ist dies aus Mangel an Teilnehmern nicht möglich, so muß diese Ausscheidungsprüfung mit einer benachbarten Landesgruppe durchgeführt werden. Kann diese Zusammenlegung nicht erfolgen, so hat die betreffende Landesgruppe keinen Anspruch auf Teilnahme an der BLSP. Die teilnehmenden Hunde müssen angekört sein.

Jeder Beste einer Landesgruppe muß dabei mindestens folgende Punktzahlen erreichen, um zur BLSP zugelassen zu werden:

Abt. A (Fährte) 70 Punkte
Abt. B (Unterordnung) 85 Punkte
Abt. C (Schutzdienst) 85 a Punkte.

Nicht zugelassen werden Riesenschnauzer, die bei einer PSK-Bundessiegerprüfung schon zweimal in Abt. B oder C die erforderlichen Punkte nicht erreicht haben und ebenso läufige Hündinnen.

Jede Landesgruppe meldet dann den besten Hund ihrer Ausscheidungsprüfung an den Hauptleistungswart. Die übrigen Teilnehmer werden über eine Bundessammelliste ermittelt und vom Hauptleistungswart nach Rücksprache mit dem 1. Vorsitzenden eingeladen.

Beim Schutzdienst.

Bei den über die Bundessammelliste zugelassenen Riesenschnauzern werden die zwei besten SchH III-Prüfungen, die nach der Bundesleistungs-Siegerprüfung des Vorjahres bis drei Wochen vor der jeweiligen Bundesleistungs-Siegerprüfung abgelegt worden sein müssen, und die SchH III-Prüfung der Landesausscheidung gewertet. In Anrechnung kommen nur Prüfungen, die im Schutzdienst mit mindestens 85a Punkten bewertet wurden. Die erreichten Punktzahlen der drei Prüfungen werden gezählt.

Diejenigen Hundeführer, die der Meinung sind, zur BLSP über die Bundessammelliste zu kommen, müssen sich spätestens drei Wochen vor der Bundesleistungs-Siegerprüfung beim Hauptleistungswart gemeldet haben.

Die Bewerber müssen an der Landesgruppen-Ausscheidung teilgenommen haben.

Folgende Wertungspunkte kommen dabei zur Anrechnung:

		Wertungspunkte
260 bis 264 Punkte	=	1
265 bis 269	=	2
270 bis 274	=	4
275 bis 279	=	6
280 bis 283	=	7
284 bis 285	=	8
286 bis 288	=	10
289 bis 291	=	11
292 bis 293	=	12
294	=	13
ab 295	=	15

Der Bundesleistungssieger des Vorjahres ist ohne Landesgruppen-Ausscheidung zur Verteidigung seines Titels zugelassen.

Es macht beiden Spaß!

Die Landesgruppen-Vorsitzenden melden nach ihren Ausscheidungen die gesamten Teilnehmer mit den Ergebnissen sofort dem Hauptleistungswart.

Die Ausscheidungsprüfungen müssen bis spätestens drei Wochen vor der jeweiligen Bundesleistungs-Siegerprüfung durchgeführt worden sein.

Hundeführer-Sportabzeichen des VDH

a) In Anerkennung der sportlichen Leistungen von Führer und Hund vergibt der VDH für nachgewiesene Sportleistungen ein Hundeführer-Sportabzeichen, das auf Antrag in fünf Stufen verliehen wird.

Stufe 1: Sportabzeichen in Bronze
Stufe 2: Sportabzeichen in Silber
Stufe 3: Sportabzeichen in Gold
Stufe 4: großes Sportabzeichen
Stufe 5: großes Sportabzeichen mit Kranz

b) Die Leistungen müssen auf Prüfungen abgelegt sein, die von einem dem

VDH angeschlossenen Verband oder Verein anerkannt und geschützt sind oder von einer der Diensthunde haltenden Behörden durchgeführt werden. Abnahmeberechtigt sind nur die vom VDH oder von einem ihm angeschlossenen Verein oder Verband anerkannten Leistungsrichter, mit Ausnahme von Behördenprüfungen, zu denen die Behörde den Leistungsrichter bestimmt.

c) Die Prüfungen müssen nach der Prüfungsordnung des VDH, der internationalen Prüfungsordnung, der Wettkampfordnung der Weltunion der Schäferhund-Vereine (WUSV) oder nach einer vom VDH anerkannten Diensthundprüfungsordnung der Behörden mit Diensthundgruppen abgenommen werden.

d) Antragsberechtigt sind nur Hundeführer, die einem Verein oder Verband angehören, der dem VDH angeschlossen ist, und die ihre Verpflichtungen gegenüber dem Verein oder Verband voll erfüllt haben.

Es dürften nur die Prüfungen angerechnet werden, bei denen der Führer einen Hund führt, der von ihm für diese Prüfung ausgebildet wurde. Beim Führerwechsel eines SchH III- oder LPO III-Hundes können Punkte für das Hundeführer-Sportabzeichen erst angerechnet werden, wenn der Führerwechsel mindestens 1 Jahr zurückliegt.

e) Anerkannt werden Leistungen der Hunde, die zu den Dienst- und Gebrauchshundrassen zählen oder leistungsmäßig die Anforderungen, die an solche erstellt werden, erfüllen. Die Hunde müssen in das Zuchtbuch, Register oder in die Gebrauchshundliste eines angeschlossenen Verbandes oder Vereins eingetragen werden.

f) Das Sportabzeichen wird in allen Stufen als Anstecknadel verliehen. Daneben wird auf Wunsch des Hundeführers eine große Ausfertigung des Sportabzeichens (kostenpflichtig) abgegeben, (ausgenommen Stufe 5, für diese Stufe gibt es nur das kleine Abzeichen). Die große Ausfertigung ist an der linken Brustseite der Sportkleidung zu tragen. Das Tragen des Abzeichens an der Dienstkleidung regeln die Behörden.

Mit dem Abzeichen wird dem Hundeführer eine Verleihungsurkunde ausgehändigt.

g) Bei der Antragsstellung sind nachzuweisen:

Stufe 1: Mindestens 50 Punkte innerhalb von höchstens 5 Jahren
Stufe 2: Mindestens 75 Punkte innerhalb von höchstens 7 Jahren
Stufe 3: Mindestens 100 Punkte innerhalb von höchstens 10 Jahren
Stufe 4: Mindestens 200 Punkte innerhalb von höchstens 15 Jahren
Stufe 5: Mindestens 300 Punkte ohne Zeitbegrenzung.
Zusätzlich ist bei dieser Stufe die zweimalige erfolgreiche Teilnahme an einer Siegerprüfung nachzuweisen. Ausscheidungs-

Art der Prüfung	Prädikat		
	Gut	Sehr gut	Vorzüglich
SchH I	2	3	4
SchH II	3	4	5
SchH III	4	5	6
FH	3	4	5
IPO I	1	2	3
IPO II	2	3	4
IPO III	3	4	5

prüfungen als Qualifikationsprüfung zur Siegerprüfung werden gleichgestellt.

h) Punktebewertung

Diensthundprüfungen der Diensthunde haltenden Behörden werden wie folgt bewertet:

DPO I	gleich SchH II
DPO II	gleich SchH III
DFH	gleich FH

Weitere Diensthundprüfungen der Diensthunde haltenden Behörden werden nach Anerkennung durch den VDH (AZG) wie SchH I, II oder III bewertet. Prüfungen mit einer Bewertung unter der Note „Gut" werden nicht berücksichtigt.

Die Antragstellung ist nicht an die Stufeneinteilung gebunden. Bei der ersten Antragstellung kann auch eine höhere Stufe beantragt werden, wenn der entsprechende Leistungsnachweis innerhalb der festgelegten Höchstzeiten erfolgt.

Die Schutzhundprüfungen I und II oder die DPO I und die Internationale Prüfungsordnung (IPO) I und II können nur je einmal für jeden Hund in Anrechnung gebracht werden. Ausgenommen sind Hunde, die infolge Verletzung (ärztliche Bescheinigung ist vorzulegen) oder nach Überschreitung der Altergrenze von 6 Jahren in die Altersklasse eingestuft sind. In diesen Fällen werden SchH I und IPO I als Wiederholungsprüfungen anerkannt.

Alle anderen Prüfungsarten können beliebig wiederholt und angerechnet werden.

Zwischen den einzelnen anrechenbaren Prüfungen eines Hundes müssen mindestens 6 Tage liegen. In einer Prüfung kann ein Hundeführer bis zu zwei Hunde führen. In diesem Fall werden die errungenen Punkte für jeden Hund anerkannt.

Diensthundprüfungen der Diensthunde haltenden Behörden, Ausscheidungs- und Fährtenhundprüfungen der Kreisgruppen und Landesverbände/Gruppen sind nicht fristgebunden.

Antragstellung:

Anträge sind durch die Hundeführer auf Formblatt (durch die Mitgliedsvereine zu beziehen) zu stellen. Mit der Antragstellung ist die Erklärung des Hundeführers verbunden, daß der zu den einzelnen Prüfungen vorgeführte Hund von ihm selbst zu dieser Prüfung ausgebildet wurde. Der Antrag ist dann mit allen Unterlagen (Leistungsurkunden, Sportpaß, Bewertungsheft usw.) dem Vorstand des Vereins vorzulegen, der die Eintragungen sorgfältig prüft und deren Richtigkeit bescheinigt. Danach werden die Prüfungsunterlagen dem Antragsteller zurückgegeben und der Antrag über die zuständige Kreisgruppe/Landesverband dem Hauptverein/Verband zugeleitet, der seinerseits die Verleihung beim VDH beantragt.

Beim PSK wird der Antrag vom Hundeführer ausgefüllt dem zuständigen Ortsgruppen-Vorsitzenden übergeben, der anhand der Unterlagen prüft und bescheinigt. Nach Rückgabe der Unterlagen an den Hundeführer wird der Antrag über die Landesgruppe an den Hauptleistungswart und von hier aus über den 1. Vorsitzenden des PSK an den VDH weitergeleitet.

Die Verantwortung für die sachliche Richtigkeit liegt beim Antragsteller. Fehlverleihungen, die auf unrichtigen Angaben im Antrag beruhen, können zum Ausschluß von der Verleihung führen.

Hundeführer-Sportabzeichen des PSK

1 Allgemeines

Der PSK unterstützt und fördert den Breitensport mit Hunden seiner Rassen im Rahmen der sportlichen Betätigung der Mitglieder auf entsprechenden Veranstaltungen.

Der unterschiedlichen Veranlagung des einzelnen Hundes soll durch die Anerkennung verschiedener Prüfungsarten Rechnung getragen werden.

Hundeführer-Sportabzeichen des PSK werden nur PSK-Mitgliedern verliehen.

Es werden nur Prüfungen angerechnet, die auf Veranstaltungen von Mitgliedsvereinen des VDH abgeleistet wurden.

Wiederholungen werden angerechnet.

2 Im Ausbildungstraining erworbene praktische Kenntnisse über den Umgang mit dem Hund bleiben nachhaltig wirksam. Deshalb ist der gut ausgebildete und jederzeit im Gehorsam stehende Hund unserer Rassen eine Werbung für den Klub. Fleiß, Ausdauer und Geduld des Hundeführers bei der Ausbildung sollen mit der Vergabe des PSK-HF Sportabzeichens gewürdigt werden, das in folgenden Stufen verliehen wird:

Stufe 1 = PSK-Hundeführer-Sportabzeichen in Bronze
Stufe 2 = PSK-Hundeführer-Sportabzeichen in Silber
Stufe 3 = PSK-Hundeführer-Sportabzeichen in Gold
Stufe 4 = PSK-Hundeführer-Sportabzeichen in Gold mit Kranz
Stufe 5 = Großes PSK-Hundeführer-Sportabzeichen in Bronze
Stufe 6 = Großes PSK-Hundeführer-Sportabzeichen in Silber
Stufe 7 = Großes PSK-Hundeführer-Sportabzeichen in Gold
Stufe 8 = Großes PSK-Hundeführer-Sportabzeichen in Gold mit Kranz.

3 Anrechnungssystem für die Stufen 1 bis 4

3.1 Angerechnet werden Ausdauer-Prüfung (AD), Verkehrssichere Begleithundprüfung (VB) und Wachhundprüfung (WH).

3.2 Für Hundeführer, die 50 bis 59 Jahre alt sind, wird je Prüfung ein Zusatzpunkt, für Hundeführer, die 60 Jahre und älter sind, werden zwei Zusatzpunkte je Prüfung angerechnet.

3.3 Für bestandene WH-, VB- und AD-Prüfungen mit Zwergschnauzern, Zwergpinschern oder Affenpinschern werden dem Hundeführer zwei Sonderpunkte, mit Mittelschnauzern oder Deutschen Pinschern ein Sonderpunkt zusätzlich angerechnet.

3.4 Werden von einem Hundeführer mehrere Hunde auf derselben Prüfung geführt, können die Punkte für 2 Hunde angerechnet werden. Die Hunde müssen Eigentum des Hundeführers sein.

3.5 Der Antragsteller muß im Antrag nachweisen, daß er an den Prüfungen mit eigenem Hund erfolgreich teilgenommen und mindestens einmal mit diesem Hund die VB-Prüfung bestanden hat.

3.6 Anrechnungspunkte für das PSK-HF-Sportabzeichen der Stufen 1 bis 4:

Ausdauer-Prüfung (AD) bestanden	2 Punkte
Verkehrssichere Begleithundprüfung (VB) bestanden	3 Punkte

Wachhundprüfung (WH)
bestanden 4 Punkte.
Mindestpunktzahlen für
Stufe 1 = 10
Stufe 2 = 20
Stufe 3 = 30
Stufe 4 = 40.

4 Anrechnungssystem für die Stufen 5 bis 8

4.1 Angerechnet werden bestandene AD-, VB-, WH-, FH-, SchH-Prüfungen und vergleichbare Diensthundprüfungen sowie bewertete Breitensportergebnisse.

4.2 Innerhalb der erforderlichen Punktzahl muß im Antrag eine VB-Prüfung nachgewiesen werden.

4.3 Von Mannschafts- und Familienwettkämpfen nach der Turnierordnung des Dhv können nur persönlich und mit eigenem, selbstausgebildetem Hund erreichte Punkte angerechnet werden.

4.4 Je Hundeführer werden auf einer Veranstaltung nur Punkte für höchstens zwei eigene, selbstausgebildete Hunde angerechnet.

4.5 Zwischen anrechenbaren Prüfungen bzw. Breitensportveranstaltungen müssen 6 Tage liegen.

4.6 Anrechnungspunkte für die großen PSK-Hundeführer-Sportabzeichen:

a) Prüfungen

AD	100 Punkte
VB	150 Punkte
WH	150 Punkte
FH	dreifache Prüfungspunktzahl
SchH	Prüfungspunktzahl

b) Breitensport nach Turnierordnung

Vierkampf	erzielte Punktzahl
Geländelauf	erzielte Punktzahl
Hindernislauf	60 Punkte

c) Anrechnung aus den Stufen 1 bis 4

Stufe 1	500 Punkte
Stufe 2	1000 Punkte
Stufe 3	1500 Punkte
Stufe 4	1800 Punkte

(Es werden die Punkte der höchsten bereits verliehenen Stufe angerechnet.)

4.7 Mindestpunktzahlen für

Stufe 5	2000 Punkte
Stufe 6	5000 Punkte
Stufe 7	10000 Punkte
Stufe 8	15000 Punkte

5 Der Antrag auf Vergabe von Hundeführer-Sportabzeichen des PSK muß vom Hundeführer auf besonderen Formblättern über den Vorsitzenden seiner Ortsgruppe dem Leistungsbuchführer des PSK zugestellt werden.

Jedem Antrag sind der Sportpaß, bzw. das Sportleistungsbuch, und sonstige erforderliche Leistungsurkunden und Bewertungsausweise beizufügen.

Die Verleihung eines PSK-Sportabzeichens ist nicht davon abhängig, daß vorhergehende Stufen bereits vergeben wurden.

Alle ab 1985 erzielten Ergebnisse werden anerkannt.

6 Verleihung des PSK-Hundeführer-Sportabzeichens

Die PSK-HF Sportabzeichen mit Urkunde sind im Rahmen einer angemessenen Würdigung der sportlichen Leistungen dem Hundeführer zu überreichen.

Der kranke Hund

Schnauzer und Pinscher sind erfreulicherweise Hunde, bei denen keinerlei Merkmale herausgezüchtet werden, die Krankheiten fördern und die Beweglichkeit einengen. Rassetypische Krankheiten gibt es daher bei Schnauzern und Pinschern nicht. Es sind durchweg gesunde, robuste Burschen. Aber natürlich können sie auch die landläufigen Hundekrankheiten bekommen.

Schutzimpfungen

Im Alter von 7 bis 8 Wochen werden Welpen in der Regel gegen Staupe, Hepatitis, Leptospirose und Tollwut geimpft. Diese Vierfach-Schutzimpfung ist problemlos und muß nicht früher erfolgen, weil die Welpen bis dahin von der Mutter her genügend Abwehrstoffe haben.

Seit dem Auftreten der Parvovirose, seit etwa 1980 (zuerst Katzenseuche genannt), werden Welpen etwa ab der 6. Woche auch gegen diese Seuche geimpft.

Sicherheitshalber werden diese beiden Schutzimpfungen nach etwa 4 bis 6 Wochen und dann etwa alle zwei Jahre wiederholt.

Für jeden Hund sollte ein Impfpaß geführt werden. Für Schutzimpfungen sind nur Tierärzte zuständig.

Da Impfungen den Hund anstrengen, sollte man ihm danach keine Strapazen zumuten und ihn am besten ein paar Tage lang in Ruhe lassen.

Parasiten

Äußere Parasiten sind hauptsächlich Hautmilben, Läuse und Flöhe.

Milben verursachen Hautkrankheiten, Haarausfall und Ekzeme. Hier sind oft langwierige Behandlungen durch den Tierarzt erforderlich. Haarausfall bei Hündinnen nach dem Werfen ist jedoch auf Hormonstörungen zurückzuführen, die Haare wachsen bei guter Fütterung des Hundes wieder nach.

Läuse und Flöhe können durch Insektenpulver oder andere Mittel bekämpft werden. Hier ist wichtig, daß man Lager und Fußboden mit dem gleichen Präparat behandelt. Meist sind wiederholte Behandlungen erforderlich.

Die Bekämpfung von Flöhen ist auch deshalb wichtig, weil sie die Zwischenwirte von Bandwürmern sind.

Innere Parasiten sind vor allem Spul- und Bandwürmer. Schon die Welpen werden im Alter von etwa drei Wochen einer ersten Kur gegen Spulwürmer unterzogen. Zur Bekämpfung der Wurmeier muß die Behandlung nach 14 Tagen wiederholt werden. Junge Hunde sollte man bis zum Alter von einem Jahr vierteljährlich einer Kur gegen Spulwürmer unterziehen.

Bandwurmbefall erkennt man daran, daß lebende Bandwurmglieder aus dem After kriechen. Wegen einer erfolgreichen Behandlung wendet man sich am besten gleich an den Tierarzt.

Hautkrankheiten

Hautkrankheiten können durch Milben, Flohstiche, falsche Ernährung, Infektionen durch Pilze und Schilddrüsenerkrankungen entstehen. Sie sind nicht einfach zu erkennen und erfordern in der Regel eine langwierige Behandlung durch den Tierarzt.

Erbrechen und Durchfall

Ist der Hund unpäßlich und bricht Futter aus, liegt meist eine Magenverstimmung vor, die durch Fasten geheilt werden kann. Es gibt dann konsequent zwei Tage lang kein Futter und nur schwarzen Tee, gegebenenfalls mit etwas Salz (auf gar keinen Fall darf der Tee gesüßt werden!). Diese einfache Behandlung hat jedoch nur Sinn, wenn der Hund fieberfrei ist. Mit etwas Schabefleisch vom Rind, dem etwas geriebener Zwieback beigemengt wurde, kann man dann mit kleinen Portionen wieder anfangen zu füttern.

Wenn Hunde Gras fressen, hat das nichts zu bedeuten, sie tun es gern, und wenn sie die Möglichkeit dazu haben, fast täglich.

Vererbbare Krankheiten

Hüftgelenkdysplasie (HD)

Mitte der 60er Jahre befaßte man sich erstmals eingehender mit der Hüftgelenkdysplasie und es wurde klar, daß eine schwere Gelenkserkrankung die Hunde bedrohte.

Wissenschaftler hatten festgestellt, daß die Hüftgelenke von Hunden, unterschiedlich nach Rassen und Größenschlägen, zunehmend Deformierungen verschiedenen Grades zeigten. Dabei ergab sich, daß krankhaft verformte Hüftgelenke vererbbar sind und auch Umwelteinflüsse eine Rolle spielen können. Zuerst zögernd, dann mit zunehmender Konsequenz begannen die Rassehundklubs diese Krankheit durch Ausschaltung HD-kranker Hunde von der Zucht zu bekämpfen.

Der Erfolg dieser Selektionsmaßnahmen ist heute sehr eindeutig: Bei einer der beliebtesten Hunderassen, dem deutschen Schäferhund, hat diese Auslese innerhalb von 10 Jahren bewirkt, daß der Anteil von HD-freien und fast HD-freien Hunden von 30 auf 70 % gestiegen ist.

Bei Pinschern und Schnauzern waren vornehmlich die Riesenschnauzer von HD befallen, wenn auch weniger stark als andere große Rassen. Nachdem zunächst Rüden und Hündinnen mit mittlerer und schwerer HD für die Zucht ausgeschaltet wurden, kann der Klub heute ohne nachteilige Auswirkungen auf die Menge der gezüchteten Riesenschnauzer bereits die Hunde mit leichter HD sperren.

Da über einige Zuchtlinien auch die Hüftgelenke der Mittelschläge bedroht sind, darf ab Mitte 1982 ebenfalls nur noch mit Mittelschnauzern und Deutschen Pinschern gezüchtet werden, deren Hüftgelenke entweder frei von HD (HD 0) oder „fast normal“ (HD 1) sind. Seit Klarheit darüber besteht, daß die Selektion kranker Zuchthunde ein wirksames Mittel zur Bekämpfung der HD ist, fallen den Verantwortlichen einschränkende Maßnahmen sehr viel leichter. Lieber einige Hunde weniger, aber dafür ein steigender Anteil gesunder, auch erblich einwandfreier Hunde.

Der Zustand der Hüftgelenke kann heute mit Hilfe von Röntgenaufnahmen beurteilt werden. Die Aufnahmen können bei jedem Tierarzt, der die Einrichtung dazu hat, gemacht werden. Über das Verfahren besteht allgemein Einigkeit. Wichtig ist, daß die Gelenke beim sedierten Hund, das heißt in Narkose geröntgt werden.

Damit Gewähr für einheitliche Beurteilung der Röntgenaufnahmen gegeben ist, werden die vom Tierarzt erstellten Aufnahmen an zentrale Auswertungsstellen geschickt. Für den PSK wird diese Auswertung seit mehr als 15 Jahren von Prof. Dr. H. Müller von der Universität Gießen vorgenommen, nur seine Endbeurteilung gilt für den Klub als verbindlich.

Bestehen Zweifel am Ergebnis einer Untersuchung, kann eine weitere Aufnahme bei einer Tierärztlichen Hochschule oder Universitätsklinik gemacht werden und an einen Obergutachter geschickt werden. Der Obergutachter für den PSK ist derzeit Dr. Fred Reinhardt von der Universität Gießen.

Geröntgte Hunde sollen zum Zeitpunkt der Untersuchung an der Innenseite des rechten Oberschenkels die Zuchtbuchnummer eintätowiert bekommen. Der Tierarzt sollte für die Voruntersuchung einen Vordruck des PSK verwenden. Die wissenschaftliche Kommission der FCI hat die verschiedenen Beurteilungsmaßstäbe der einzelnen Länder koordiniert (siehe Tabelle Seite 115).

Den Einfluß von Aufzucht, Haltung und Fütterung auf die HD betrachten maßgebende Wissenschaftler als minimal, zu 95 % dürfte HD ein genetisches Problem darstellen, also durch Vererbung entstehen.

Von HD befallene Hüftgelenke sind heute noch nicht heilbar. Hunde mit leichter HD sind bisher ohne gesundheitliche Nachteile im Sport eingesetzt worden. Auch die Polizei setzt noch Hunde mit leichter HD ein.

Kniescheibenluxation

Bei dieser Krankheit ist meist das Kreuzband, das die Kniescheibe fixiert, zu lang, ähnlich einem ausgeleierten Gummiband. Hier kann nur der Tierarzt helfen.

Bei schwarzen Zwergschnauzern ist diese Krankheit gelegentlich schon aufgetreten, nach Selektion der befallenen Hunde ist sie heute kein Problem mehr.

Epilepsie

Die Ursachen der Epilepsie sind noch nicht erforscht. Die Erfahrung zeigt uns jedoch, daß diese schreckliche Krankheit vererbbar sein dürfte. Die Krankheit ist nicht heilbar, ärztliche Kunst kann nur lindern.

Die Züchter dürfen befallene Hunde nicht zur Zucht einsetzen und Eltern befallener Hunde nicht mehr miteinander paaren.

Man nimmt an, daß Inzucht eine der Ursachen der Epilepsie ist.

Augenschäden, Taubheit, Hasenscharten und Herzkrankheiten

Unsere Rassen sind davon weitgehend verschont. Auf einzelne bekanntgewordene Fälle reagierte der Klub durch Zuchtverbote.

Vergiftungen

Allein schon bei Verdacht auf eine Vergiftung, wenn zum Beispiel Rattengift aufgenommen wurde, wenn der Hund an bleihaltigen Anstrichen geleckt hat oder an Arsen geraten ist, das vielfach in der Landwirtschaft oder in Gartenbaubetrieben verwendet wird, muß man sofort den Tierarzt aufsuchen.

Hinweise für die Behandlung durch den Laien

Temperatur messen

Wenn dem Hund nicht wohl ist, sollte man auf alle Fälle Temperatur messen. Das geschieht immer im After. Das Thermometer wird mit etwas Fett oder kaltem Wasser benetzt (warmes Wasser beeinflußt die Anzeige) und einige Zentimeter vorsichtig in den After geschoben. 38,5 °C ist normal. Wenn die Temperatur darüber liegt, muß der Tierarzt zu Rate gezogen werden.

Eingeben von Medikamenten

Flüssigkeiten läßt man über die seitlich angehobene Lefze in den Mund rinnen. Tabletten kann man zerdrücken und dem Futter beimischen oder in etwas Wurst eingehüllt möglichst weit über die Zunge in den Rachen schieben. Hält man das Maul dann zu, schluckt der Hund das Medikament herunter.

Der alte Hund

Alte Hunde brauchen in besonderem Maße Liebe und Fürsorge, und es ist noch mehr als bei einem jungen Hund notwendig, daß man ihn körperlich und geistig beschäftigt.

Der Zeitpunkt des Alterns ist im wesentlichen rassebedingt. Es gibt kurz- und langlebige Rassen. Große Rassen sind allgemein kurzlebiger als kleine Rassen. Neben der Vererbung spielen Haltung, Ernährung, Umwelt und Über- bzw. Unterbeanspruchung eine Rolle.

Bessere Krankheitsbekämpfung und artgerechte Haltung haben bei Hunden die Lebenserwartung deutlich erhöht. Wenn 1950 die durchschnittliche Lebenserwartung eines Hundes bei ca. 4 Jahren lag, dürfte sie heute doppelt so hoch sein. Kranke Tiere, die früher getötet werden mußten, werden heute geheilt. Als häufigste Todesursache gibt Prof. Dr. Freudiger, Direktor der Klinik für kleine Haustiere der Universität Bern, Krankheiten des Herzens, des Kreislaufes, der Harnorgane, der Leber, des Bewegungsapparates und Geschwulste an. Eine jährliche Routineuntersuchung beim Tierarzt ist angebracht.

Der gestörte Kotabsatz bei älteren Rüden und Gebärmuttererkrankungen bei Hündinnen erfordern manchmal operative Behandlung, die Heilungschancen sind gut. Diabetes und Haarausfall lassen sich ebenfalls behandeln.

Ein alter Hund braucht weniger, aber gehaltvollere Nahrung, Knochen sollte man ihm nicht mehr geben. Die Tagesration wird man wie beim Welpen auf mehrere Mahlzeiten verteilen.

Pinscher und Schnauzer sind langlebige Rassen. Eine Lebenserwartung bis zu 12 Jahren ist normal, rüstige 15jährige sind keine Seltenheit. Hündinnen bleiben bis ins hohe Alter läufig.

Wenn ein Hund im Alter an einer nicht mehr heilbaren Krankheit leidet und der Tierarzt einem sagt, daß er keine Chancen für den Hund mehr sieht, sollte man den treuen Gefährten und Begleiter so vieler Jahre nicht elend dahinsiechen lassen, sondern ihm eine schnelle Erlösung von seinem Leiden gönnen.

Der Pinscher Schnauzer Klub

Entwicklung

1895 wurde der Pinscher Schnauzer Klub gegründet. Die herausragende Figur der ersten 25 Jahre war der Klubgründer Josef Berta. 12 Jahre war es ein kleines Häuflein Getreuer, die mit ihm das Fundament bauten. Die Zahl der von 1895 bis 1907 insgesamt eingetragenen Pinscher und Schnauzer kletterte jährlich sehr langsam um 10–20 auf etwa 150 Hunde.

1907 brachte die Gründung eines Schnauzerklubs unter Dr. Zurhellen neue Impulse. Innerhalb von 4 Jahren vervierfachte sich die Zahl der eingetragenen Hunde auf etwa 600 jährlich.

1914 wurde diese Entwicklung mit dem Beginn des Ersten Weltkrieges jäh unterbrochen.

1918 mit dem Ende des Ersten Weltkrieges sind dann die damaligen Mitglieder beider Klubs, an der Spitze noch Josef Berta und Dr. Zurhellen, zunächst in einem Pinscher Schnauzer Verband zusammengekommen.

1922 wurde der heutige Pinscher Schnauzer Klub gegründet. Josef Berta hat die erste, recht steile Aufwärtsentwicklung noch erlebt: mit jährlich nahezu 3500 eingetragenen Hunden (in den Jahren während des Ersten Weltkrieges waren es jährlich nur etwa 200), war die Entwicklung 1922 rasanter als je zuvor.

1945 bis 1950 gab es jährlich, wie nach dem Ersten Weltkrieg, eine große Zahl an gezüchteten Hunden, die größte überhaupt seit Bestehen des Klubs. Innerhalb von 5 Jahren stieg die Zahl der jährlich gezüchteten Pinscher und Schnauzer von 3000 auf 6000, fiel aber bald wieder auf 3000 zurück; hier sind sicherlich auch kommerzielle Einflüsse maßgebend gewesen, da die Mitglieder des Klubs um diese Zeit vorwiegend Züchter waren.

Ab 1950 setzte dann unter den Vorsitzenden Max Kamp, Otto Borner und Heinz Höller eine kontinuierliche Aufwärtsentwicklung ein. Die Zahl der jährlich gezüchteten Hunde stieg bis heute auf etwa 5000, die der Mitglieder von 1500 auf heute 12000 (weitere Einzelheiten dazu auf Schaubild Seite 15).

Der Verein als Hüter des Standards

Je sorgfältiger sich ein Verein an den ursprünglichen Standard hält, um so besser ist er beraten. Das Grundlegende muß erhalten bleiben. Wenn überhaupt Änderungen erforderlich sind, dann sollten sie so sparsam wie möglich sein.

Änderungen können z. B. erforderlich werden, wenn neue Länder- oder Bundesgesetze den bestehenden Standardbestimmungen entgegenstehen. Unter Umständen ergibt sich auch eine Änderung dahingehend, daß der deutsche Standard weitergefaßt werden muß, damit er in anderen Ländern mit anderen Gesetzen ohne Einschränkung Gültigkeit hat. Man denke nur an die verschiedenen Tierschutzgesetze und hier speziell an das Kupieren der Ruten und Ohren. Wissenschaftliche Erkenntnisse, besondere Krankheitsdispositionen und im Gegensatz zur Gesundheit einer Rasse stehende Merkmale können ebenfalls zu Änderungen führen.

Aus der Satzung des PSK

Zweck des Vereins

Der Verein bezweckt die Förderung der Reinzucht des Riesen-, Mittel- und Zwergschnauzers, des Deutschen Pinschers, Zwerg- und Affenpinschers sowie die Ausbildung dieser Rassen als Gebrauchshunde.

Als Mittel zu diesem Zweck dienen:

1. die Rassenkennzeichen
2. das Pinscher Schnauzer Zuchtbuch (PSZ) und das Leistungsbuch
3. die Vereinsmitteilungen
4. die Unterabteilungen (aufgrund besonderer Ordnung)
5. die Sonderausstellungen, Schauen und Prüfungen (mit Vergabe der Schönheits- und Leistungs-Siegertitel).
6. der Nachweis für Kauf und Verkauf von Deckrüden und Zuchthündinnen.
7. die Ernennung sachverständiger Richter und die Ausstellung der Zucht- und Richterrichtlinien.

Mitgliedschaft

Der Verein besteht aus ordentlichen und Ehrenmitgliedern. Mitglied kann jede unbescholtene Person werden, gewerbsmäßige Hundehändler sind ausgeschlossen. Zu Ehrenmitgliedern können solche Personen ernannt werden, die sich um die Förderung des Klubs und der Rasse hervorragende Verdienste erworben haben. Sie werden auf der ordentlichen Mitgliederversammlung ernannt und sind von der Zahlung des Beitrages befreit, genießen aber alle Rechte der Mitglieder.

Aufnahmeantrag ist schriftlich beim 1. Vorsitzenden des PSK zu stellen. Gegen Aufnahmen können Mitglieder über Orts- und Landesgruppen bis zu 30 Tagen nach Veröffentlichung in den Vereinsmitteilungen begründete Einsprüche beim 1. Vorsitzenden stellen. Der Vorstand entscheidet endgültig. Ablehnungen von Aufnahmeanträgen erfolgen ohne Angabe von Gründen.

Beitrag und Aufnahmegebühr

Die Höhe des Beitrages und der Aufnahmegebühr wird von der ordentlichen Mitgliederversammlung festgelegt. 1986 beträgt der Jahresbeitrag DM 40,–.

Nach dem 1. Juli eingetretene Mitglieder haben die Hälfte des Jahresbeitrages zu entrichten.

Zugehörigkeit zu einer Landes- oder Ortsgruppe

Die Zugehörigkeit zu einer Landes- oder Ortsgruppe ist zwingend und abhängig von der Mitgliedschaft beim Hauptklub. Die Mitglieder selbst bestimmen, welcher Ortsgruppe sie angehören wollen. Anschriftenänderungen sind sofort bekanntzugeben.

Beiträge der Landes- und Ortsgruppen

Den Landes- und Ortsgruppen steht das Recht zu, von ihren Mitgliedern einen ihren Verwaltungskosten entsprechenden Sonderbeitrag zu erheben.

Leistungen des PSK

Neben den in der Satzung verankerten Aufgaben hat die Geschäftsführung noch viele weitere Möglichkeiten, den Gruppen und Mitgliedern zu helfen und sie zu unterstützen. Jedes Mitglied erhält jeden Monat ohne zusätzliche Kosten die umfangreiche Klubzeitung, in der alle anstehenden Probleme angesprochen werden.

Die Betreuung der einzelnen Mitglieder erfolgt auch durch die Orts und Landesgruppen. Viele Gruppen haben eigene Übungsplätze.

Über Schauen und andere Veranstaltungen informiert ebenfalls die Klubzeitung.

Die Bundesleistungs-Siegerprüfung wird für die Teilnehmer kostenlos ebenfalls vom Klub ausgerichtet. Die Sieger dieser Prüfungen nehmen auf Klubkosten an den Europameisterschaften teil.

In Fragen der Zucht und Ausbildung erfolgt jederzeit schriftlich und telefonisch Beratung durch die Geschäftsstelle.

Die Vermittlung der Welpen erfolgt kostenlos.

Die Geschäftsstelle stellt auch die Ahnentafeln aus.

Jeder Züchter und jede Gruppe erhält kostenlos das Zuchtbuch, das im Eigenverlag gedruckt wird.

Interessenten erhalten kostenlos ein Probeheft der PSK-Zeitung sowie Informationsmaterial und die aktuelle Welpenliste zugeschickt.

Klubadressen:

1. Vorsitzender, Geschäftsstelle, Schriftleitung, Zuchtbuch und Welpenvermittlung: Heinz Höller, Behringstr. 26, 5110 Alsdorf, Tel. (02404) 61915

2. Vorsitzender, Leistungsbuch und HD-Angelegenheiten: Peter Burtzik, Am Hang 8, 2420 Eutin, Tel. (04521) 4119

Internationale Schnauzer-Pinscher-Union (ISPU)

Ziele und Vereinbarungen

Der PSK hatte schon immer gute Kontakte zu den Klubs für Pinscher und Schnauzer in den Nachbarländern. 1977 kam die Idee auf, eine „Internationale-Schnauzer-Pinscher-Union" zu gründen. Der Vorstand des PSK lud die Vertreter der befreundeten Klubs aus Europa zu einem Treffen nach Gütersloh, wo die Grundidee in die Tat umgesetzt wurde.

Ziel dieses Zusammenschlusses soll sein, Austausch von Erfahrungen, gemeinsame Beratung von Problemen, Ausarbeitung gemeinsamer Richtlinien z. B. die für Bewertungen der Hunde und für die Ausbildung der Zucht- und Leistungsrichter. Auch Fragen zum Standard und der Auslegung des Standards sollen jeweils besprochen und miteinander abgestimmt werden.

Die gegenseitige Kenntnis der Zuchten in den Nachbarländern, ihrer besonderen Stärken oder Schwächen kann wesentliche Hilfe bei der Verbesserung der Qualität insgesamt sein.

Zusammenkünfte sollen alle zwei bis drei Jahre stattfinden. Neben den Delegiertenversammlungen soll eine Tagung aller Zuchtrichter der Union vorbereitet werden.

Ein weiteres Ziel ist die Organisation von gemeinsamen Ausstellungen für Pinscher und Schnauzer weltweit. Wenn auch derzeit noch die Quarantänebestimmungen eine solche Schau der ISPU verhindern, eine Notlösung wäre eine Siegerschau ohne Schweden, Norwegen, Finnland und England. Auf der anderen Seite können sich Quarantänebestimmungen ändern und große gemeinsame Schauen doch noch möglich werden.

Der Austausch von Zuchtrichtern ohne irgendwelche Einschränkungen ist bereits konkretes Ergebnis der ersten Tagung.

Ein für unsere Rassen außerordentlich wichtiger Punkt ist die gemeinsame Beratung und Interpretation des Standards, bis hin zur Einigung über Höchst- und Mindestbewertungen bei Abweichungen vom Standard.

Mitglieder der ISPU sind die europäischen Klubs, Israel, Südafrika und der Amerikanische Riesenschnauzerklub.

Übersicht über ausländische Klubs

Nachstehend einige Hinweise zur Organisation und Entwicklung der einzelnen Klubs.

Amerikanischer Riesenschnauzerclub (Giant Schnauzer Club of Amerika [GSCA])

Der Amerikanische Riesenschnauzerclub wurde 1962 im Staate Michigan gegründet. Die Zahl seiner Mitglieder nimmt ständig zu und beträgt derzeit ca. 600, verteilt auf alle Bundesstaaten.

Seit 1968 hat der GSCA jährliche Sonderzuchtschauen veranstaltet, bei denen in den letzten Jahren bis zu 100 Riesenschnauzer vorgeführt wurden.

Das monatliche Mitteilungsblatt „Giant Steps" (Riesenschritte) hat wesentlich zur Verbesserung der Zucht beigetragen. Die Entfernungen von Züchter zu Züchter machen Deckbesuche und Meinungsaustausch oft schwierig. Trotzdem hat die Qualität der Riesenschnauzer in den USA seit dem Import zahlreicher Hunde in den sechziger Jahren große Fortschritte gemacht, so daß man jetzt recht gute Hunde in allen Teilen der Staaten finden kann. Nachstehend die zahlenmäßige Entwicklung aller in den USA eingetragenen PSK-Rassen im Vergleich zwischen 1974 und 1984:

	Riesen-schnauzer	Mittel-schnauzer	Zwerg-schnauzer	Zwerg-pinscher	Affen-pinscher
1974	386	919	41392	1085	72
1984	802	561	37694	2784	119

Die **Riesenschnauzer** zeigen eine aufsteigende Tendenz. Sie sind von guter Qualität in bezug auf Gebäude, Köpfe und Augen. Die Größen liegen mehr an der oberen Grenze. Neben sehr hartem gibt es weiches, lockiges Haar. Das ist eine Nebenerscheinung des vor allem in USA bevorzugten äußeren Erscheinungsbildes, das sehr viel Haar an Läufen und Köpfen erfordert.

Das Verhältnis von Pfeffersalz zu Schwarz ist ähnlich wie in Westdeutschland, 1:15.

Die Tendenz der **Mittelschnauzer** in den USA ist von der Zahl her leicht abfallend. Die Qualität ist gut, aber auch hier sollte man die Hunde nicht zu groß werden lassen. Schwarze Mittelschnauzer gibt es nur sehr wenig.

Die **Zwergschnauzer,** überwiegend pfeffersalz, haben je Jahr mit uns verglichen, riesige Eintragungszahlen (1984 mehr als 37000 Welpen). Die Qualität der ausgestellten Hunde ist erstklassig. Zu berücksichtigen ist jedoch, daß der amerikanische Standard eine Schulterhöhe von 38 cm vorsieht und auch hier viel Haar an Läufen und Köpfen die Regel ist.

Zwergpinscher habe ich in USA nicht gerichtet. Es werden z. Zt. siebenmal soviel wie in Westdeutschland gezüchtet, und es soll sehr schöne geben.

Affenpinscher haben steigende Zuchtzahlen. Mit über 100 Welpen je Jahr werden vier- bis fünfmal soviel gezüchtet wie in Europa. Auf einer Schau in New-Jersey wurden mir 15(!) Affenpinscher vorgeführt. Die Spitzenexemplare kamen unserm Standard sehr nahe.

Belgischer Schnauzer-Pinscher-Club (C.B.S.P.)

Der Klub wurde 1952 auf Initiative der Gräfin de Pret gegründet und ist mit seinen 400 Mitgliedern einer der kleineren Mitgliedsvereine der ISPU.

Seit 1979 hat der Klub regionale Untergliederungen. Ähnlich wie in den Niederlanden gibt es auch in Belgien jedes Jahr einen Schnauzer-Pinscher-Tag. Der Klub veröffentlicht seine Mitteilungen in „Woef". Seit 1979 erscheint auch regelmäßig ein zweisprachiges eigenes Mitteilungsblatt.

Seit 1983 wird vom belgischen Klub zunehmend Wert auf Erziehung und Ausbildung der Hunde gelegt.

Dänischer Schnauzerklub

In Dänemark ist das Kupieren von Ohren verboten, und die ersten Eindrücke, die wir in Deutschland vom Aussehen unkupierter Schnauzer hatten, stammen von dänischen Hunden.

Die Kontakte zwischen dänischen und deutschen Schnauzerfreunden wurden durch den Austausch qualitätsvoller Hunde immer aufrechtgehalten. Daß sich hier die Zwergschnauzerliebhaber vor einigen Jahren selbständig machten, halte ich für einen Nachteil, zumal schon durch einen selbständigen Pinscherklub das Gemeinsame zwischen Schnauzern und Pinschern undeutlicher wurde.

Während noch 1968 nur etwa 10 Riesenschnauzer gezüchtet wurden, waren es 1979 schon etwa 80. Trotz zunehmender Riesenschnauzer und Zwergschnauzer nahm die Anzahl der insgesamt gezüchteten Schnauzer wegen der Mindereintragungen bei den Mittelschnauzern leicht ab.

Bedauerlich ist der Abfall der Zwergpinscher-Zuchtzahlen von 300 auf 100 Welpen pro Jahr.

Daß im gleichen Zeitraum die Schnauzer eine umgekehrte Entwicklung nahmen, deckt sich mit den Tendenzen in Deutschland, nur ist die Entwicklung in Dänemark noch ausgeprägter.

Dänischer Zwergschnauzer-Klub

Im August 1978 wurde der Dänische Zwergschnauzer-Klub gegründet, heute umfaßt er 650 Mitglieder. Im Jahr werden etwa 5–6 Spezialschauen ausgerichtet; dazu kommen noch andere Veranstaltungen, wie Gehorsamsprüfungen in drei Stufen, Verkehrsbegleithundprüfungen, Breitensport, Trimmkurse, Mitgliederversammlungen und gemeinsame Wanderungen mit den Hunden.

120 Zwergschnauzer werden jedes Jahr in Dänemark registriert und schätzungsweise gibt es zur Zeit 700 Zwergschnauzer in Dänemark; wenig schwarze, etwas mehr schwarzsilberne, die meisten sind pfeffersalz-farben.

Der Finnische Schnauzer-Pinscher-Klub (FSPK)

Der Finnische Schnauzer-Pinscher-Klub wurde im Jahre 1954 gegründet. Im Gegensatz zum PSK werden vom FSPK nur die Mittelschläge und Zwergrassen betreut. Der FSPK ist einer der 40 Rassehundevereine welche dem Finnischen Kennelklub angeschlossen sind.

Obwohl die Schnauzer-Pinscher-Rassen in Finnland nie Modehunde waren, haben sie ihren festen Liebhaberkreis. Der Klub hat ca. 900 Mitglieder.

Die Zeitschrift des Klubs erscheint 4mal im Jahr. Dort werden auch alle Ausstellungskritiken veröffentlicht.

Der FSPK arrangiert jedes Jahr eine Spezialausstellung, für die man immer einen Spezialrichter zu gewinnen versucht. In bezug auf die Qualität der Rassen wäre es natürlich vorteilhaft für Finnland, wenn man öfter neues Zuchtmaterial importieren könnte. Dies scheitert jedoch meist an der viermonatigen Quarantäne.

Hin und wieder gelingt es jedoch, neues Blut aus Deutschland, Holland, Belgien, Italien, der Schweiz oder USA einzuführen.

Bereits seit 1958 nimmt der FSPK am skandinavischen Gruppenwettbewerb teil, der jedes Jahr abwechselnd in Schweden, Norwegen oder Finnland abgehalten wird.

Im Sommer veranstaltet der Klub ein sogenanntes Sommerlager. Dorthin kommen dann die Familien mit Kind und Kegel (und natürlich mit Hund) um sich einige Tage zu erholen.

Der Finnische Riesenschnauzerklub

Dieser Klub wurde 1954 von einigen Riesenschnauzerfreunden gegründet.

Bereits 1934 importierte die Finnische Armee zwei Riesenschnauzer aus dem Zwinger „von der Siemensstadt". Beträchtlich konnte der Riesenschnauzerbestand in Finnland durch Importe aus Schweden vergrößert werden. Neues Blut wurde auch aus deutschen Zwingern in den sechziger und siebziger Jahren zugeführt. Die Zahl der Eintragungen steigt stetig. In der letzten Zeit wurden jährlich 100 Hunde registriert. Der Klub hat 300 Mitglieder. Von Anfang an war es das Ziel des Klubs gewesen, die Rasse vor allem im Gebrauchshundewesen weiter zu entwickeln. Der Klub ist dem Finnischen Gebrauchshundebund und dem Finnischen Kennelklub angeschlossen.

Zur Zucht werden nur HD-freie Tiere verwendet.

Auch in eine nordische Sportart wurde der Riesenschnauzer mit einbezogen. Jeden Winter werden die Riesenschnauzer vor Pulkas angeschirrt. Diese Pulkas haben ein Gewicht von 30 kg und werden von den Hunden gezogen. Schon mancher Riesenschnauzer war bei diesen Wettkämpfen so erfolgreich, daß er die Finnische Meisterschaft gewann.

Zusammen mit dem Finnischen Schnauzer-Pinscher-Klub wird jährlich eine Spezialausstellung veranstaltet.

Französischer Schnauzer-Pinscher-Klub

Der Klub wurde 1914 gegründet und gehört der französischen Dachorganisation „Societe Royal Canine" an, die staatlichen Charakter hat. Der Pinscherklub (CFP) und Schnauzerklub (CFS) fusionierten 1967.

Mit ca. 1500 Eintragungen im Jahre 1979 liegt Frankreich nach der BRD an der Spitze. Mitglieder hat der Klub im Verhältnis zu den Eintragungszahlen nur wenig, nämlich ca. 1400. Hier sind besonders die Pinscherliebhaber unterrepräsentiert, die bei 550 Welpen je Jahr nur 200 Mitglieder ausmachen.

Der Klub ist seit 1977 in 20 Landesabteilungen gegliedert. Die Zuchtzahlen zeigen eine deutlich steigende Tendenz. In den letzten 10 Jahren haben sich sowohl die Anzahl der gezüchteten Hunde wie auch die Mitgliedszahlen verdoppelt. Interessant ist der hohe Anteil der Zwergpinscher. Hier sollten sich die Züchter der benachbarten Ländern genauer, vor allem über die Qualität orientieren. In den letzten 12 Jahren sind die Zuchtzahlen von ca. 320 auf 500 gestiegen. Im deutschen PSK ist die Zucht im gleichen Zeitraum von ca. 650 auf ca. 400 zurückgegangen.

Die Verdreifachung der gezüchteten schwarzen Riesenschnauzer deckt sich in etwa mit der Entwicklung in andern Ländern, auch in der BRD. Erfreulich sind die Anfänge in der Riesenschnauzer-pfeffersalz-Zucht seit 1975.

Bei den Zwergschnauzern überwiegen im Gegensatz zur Schweiz und der BRD die pfeffersalz-farbenen die schwarzen. Schwarzsilberne Zwergschnauzer machen wie in vielen anderen Ländern Fortschritte. Ich habe in Frankreich einige erstklassige Exemplare dieses erst 1977 anerkannten Farbschlages gesehen. Affenpinscher sind rar, es wurden mehr importiert als gezüchtet.

Die Zucht Deutscher Pinscher erfolgte ziemlich beständig. Mit derzeit etwa 70 Welpen im Jahr deckt sich die Situation in etwa mit der der BRD.

Die am meisten gezüchtete Rasse bei den Schnauzern sind die pfeffersalz Mittelschläge; sie haben zunehmende Tendenz. Die schwarzen Mittelschläge dagegen halten sich derzeit etwa gleichmäßig bei 100 Welpen im Jahr.

Israelischer Schnauzer-Klub

Im Frühjahr 1967 wurde der Israelische Schnauzer Klub gegründet. Es gab anfangs jedoch große Schwierigkeiten, denn man konnte ja nicht wie bei uns ins Nachbarland zum Decken fahren. So geschah es, daß auf der ersten Spezialzuchtschau nur 9 Schnauzer vorgestellt wurden.

Inzwischen geht es mit der Zucht jedoch bergauf und mit 300 Mitgliedern ist der Schnauzerklub einer der größten Rassezuchtvereine Israels.

Höhepunkt des kynologischen Lebens in Israel ist die jedes Jahr stattfindende einzige CACIB-Schau, bei der in der Regel ⅕ aller Hunde Pinscher und Schnauzer sind. Bei den Schnauzern überwiegen die ursprünglich hauptsächlich aus der Schweiz stammenden schwarzen Mittelschläge und die Zwergschnauzer schwarzsilber. Schwarze Riesenschnauzer und pfeffersalz Mittelschläge gibt es nur wenige, jedoch sind die Zuchthunde und auch der Nachwuchs von guter, zum Teil von erstklassiger Qualität. Auch Zwergschnauzer pfeffersalz sind selten und Zwergschnauzer schwarz und weiß und Riesenschnauzer pfeffersalz waren 1980 noch gar nicht vertreten.

Die schwarzen Mittelschläge sind von hoher Qualität, insbesondere was Haar und Farbe, Köpfe, Gebiß und Größe anbelangt. Die schwarzsilbernen Zwergschnauzer sind sehr eindrucksvoll. Fast alle haben hartes, schwarzes Haar. Die Größen tendieren zur oberen Grenze. Die Köpfe sollten m. E. nicht länger werden.

Die Spitzenhunde in Israel wären auch bei uns auf den großen Schauen ganz vorn zu finden. Das gilt besonders für die schwarzen Mittelschnauzer und die schwarzsilbernen Zwerge.

Am Zustandekommen der in Israel 1987 geplanten Welthundeausstellung sind die Begründer der israelitischen Schnauzerzucht Dr. Rita Trainin und ihr Mann, der derzeitige Präsident des Kennelklubs Israel maßgeblich beteiligt.

Der Israelische Pinscher-Klub

In den 40er Jahren gab es in Israel nur einige wenige Zwergpinscher. Sie wurden zwar im Stammbuch registriert, planmäßige Zucht begann jedoch erst etwa 20 Jahre später. Einfluß auf die Zucht nahmen schon vor der Gründung des israelischen Zwergpinscher-Klubs (1975) Hunde aus dem deutschen Zwinger „vom Tierfreundehaus" und, später ebenfalls aus Deutschland importiert, Hunde aus den Zwingern Janelinhof, Schwalbentränke, Rabistamm und Cronsbach. David Efrat, der den Klub seit seiner Gründung leitet, führte damit die Zucht vom zierlichen, feinknochigen zum stämmigen und handfesten Zwergpinscher. Sorgfältig ausgesuchte Zwergpinscher aus Amerika verbesserten die Zucht in den 80er Jahren in Richtung auf gute Proportionen und Adel.

1984 sind Zwergpinscher mit 250 je Jahr gezüchteten Welpen die beliebtesten Zwerghunde in Israel.

Heute gilt es, hohe Qualität und Beliebtheit der Rasse zu erhalten und das Rezept ständiger Blutauffrischung weiterhin erfolgreich einzusetzen.

Italienischer Schnauzer-Klub

1956 wurde der Schnauzer-Klub gegründet, der heute etwa 300 Mitglieder hat. Jährlich werden etwa 1000 Schnauzer gezüchtet und in das Stammbuch der italienischen Dachorganisation (ENCI) eingetragen. Riesenschnauzer, Mittelschnauzer und Zwergschnauzer machen ca. je ein Drittel aus. Der Klub organisiert im Jahr ungefähr 15 Veranstaltungen, Ausstellungen und Prüfungen. An der italienischen Meisterschaft für Riesenschnauzer können nur angekörte Hunde teilnehmen.

Alle Varietäten haben hohes Niveau.

Jugoslawischer Pinscher-Schnauzer-Klub

Auf der ersten Tagung der Internationalen Schnauzer Pinscher Union, war auch der Jugoslawische Pinscher-Schnauzer-Klub vertreten. Für den relativ kleinen Klub war dies das erste offizielle Auftreten im Ausland. Die rund 100 Mitglieder verteilen sich auf den nordwestlichen Teil Jugoslawiens und um die Landeshauptstadt von Kroatien, Zagreb, und ihre Umgebung.

Besonders Riesenschnauzer pfeffersalz und Zwergpinscher werden in Jugoslawien mit gutem Erfolg gezüchtet.

Der Niederländische Schnauzer-Club

Der Niederländische Schnauzer-Club (NSC) wurde 1922 gegründet und ist Mitglied des „Raad van Beheer op Kynologisch Gebied in Nederland“, der als Dachorganisation dem deutschen VDH entspricht. Vom NSC werden nur Schnauzer betreut.

Seit der Gründung des Klubs bestehen gute Kontakte zwischen dem NSC und dem PSK, die nur in den vierziger Jahren durch den Krieg unterbrochen waren. Der Klub hat derzeit ca. 2000 Mitglieder. Das Interesse für Schnauzer ist zunehmend, die Entwicklung der letzten 15 Jahre ist hochinteressant und deckt sich in etwa mit der des PSK. Das in den Niederlanden geltende Kupierverbot hatte wenig Auswirkungen auf die Zucht der Schnauzer.

Zuchthoheit, Richterausbildung und -Einsatz werden von der Dachorganisation wahrgenommen. Die in der BRD praktizierte Lösung, bei der diese Aufgaben vornehmlich von den Rassenklubs ausgeführt werden, ist aus meiner Sicht für die Betreuung und Entwicklung einzelner Rassen besser.

Der Klub gibt wie alle niederländischen Rassehundeklubs keine eigenen Ahnentafeln heraus. Die Ahnentafeln stellt der Raad van Beheer aus.

Der Klub gibt jeden Monat eine eigene Informationszeitschrift heraus, das „Maandblad“. Der NSC ist nicht in Orts- und Landesgruppen unterteilt.

Eine besondere Zuchtbewertung ist nicht erforderlich.

Eine bedeutende Veranstaltung ist der jährliche Schnauzertag, an dem 400 und mehr Schnauzer den Richtern vorgestellt werden. Der Schnauzertag entspricht etwa unseren Ortsgruppenzuchtschauen, nur daß hier alle Ortsgruppenschauen am gleichen Tag und Ort stattfinden.

Der züchterische Verbund mit den Freunden aus den Niederlanden hat sich als positiv für beide Seiten erwiesen. Die Zahl der gezüchteten Riesenschnauzer ist wie bei uns am stärksten gestiegen, das gleiche gilt auch für die pfeffersalz Riesenschnauzer.

Für schwarze Zwergschnauzer ist die Basis etwas kleiner als in Deutschland. Bei den Zwergschnauzern pfeffersalz hat der Ausfall einer bedeutenden Züchterin 1974/75 zu einem deutlichen Einbruch geführt. Insgesamt hat sich in den Jahren 1967 bis 1979 die Anzahl der gezüchteten Hunde etwa verdreifacht!

Daß die niederländischen Freunde mit Engagement und auch dem notwendigen Quentchen Glück gezüchtet haben, zeigen auch die Erfolge der ausgestellten Hunde in den übrigen europäischen Ländern.

Niederländischer Zwerg- und Affenpinscherklub

Die Vereinigung von Züchtern und Liebhabern von Zwerg- und Affenpinschern besteht seit 1962. Um diese Zeit wurden jährlich in den Niederlanden ca. 1200 Zwergpinscher gezüchtet, doppelt soviel als damals im Stammland Deutschland. Die Zucht ging allerdings stetig zurück und wurde erst in den letzten Jahren wieder aktiv, wobei gleichzeitig auch die gesamten Aktivitäten im Klub gestiegen sind. Die Qualität der Hund ist gut.

Der Raad van Beheer schreibt für die Züchter nicht grundsätzlich die Verwendung von Zwingernamen vor.

Ab 1978 ist für alle Hunde in den Niederlanden Tätowierzwang vorgeschrieben und die Tätowiernummer wird ins Zuchtbuch eingetragen; die tätowierten Nummern sind leider nach kurzer Zeit nicht mehr lesbar. Importe werden seit 1980 im Zuchtbuch des Raad van Beheer gesondert aufgeführt. 1980 wurden in Holland ca. 50000 Hunde eingetragen.

Norwegischer Schnauzer- und Pinscher-Klub

Der Norwegische Schnauzer- und Pinscher-Klub, der ebenfalls der ISPU beigetreten ist, wurde 1946 gegründet.

Der Klub hat Zuchtwarte für jede Rasse, die er betreut, und zwar für Riesenschnauzer, Mittelschnauzer, Zwergschnauzer, Deutsche Pinscher, Zwergpinscher und Bouvier. Die Hauptaktivitäten des Klubs, dessen Mitgliederzahl bei etwa 650 liegt, finden in und um Oslo statt, jedoch wurde im Mai 1978 auch in Trondheim (Tröndelang) in Mittelnorwegen eine Ortsgruppe gegründet.

Nicht nur auf der alljährlichen im September stattfinden Klubsonderschau, sondern auch auf vielen in- und ausländischen Schauen werden die 5 Zuchtrichter des NSK gerne eingesetzt. Es findet alljährlich nur eine Zusammenkunft statt, nämlich die Jahreshauptversammlung. Dies liegt wohl auch an den großen Entfernungen in Norwegen. Für die Riesenschnauzer werden mehrmals im Jahr Schutzhundprüfungen abgehalten. Zweimal jährlich findet ein Leistungskurs statt.

Seit 1979 sind der Schnauzerklub, der Zwergpinscherklub und der Mittelpinscherklub im Norwegischen Schnauzer-Pinscher-Klub zusammengefaßt. Dieser Klub hat z. Zt. ca. 800 Mitglieder. Jährlich werden etwa 100 Riesenschnauzer, 70 Schnauzer, 40 Zwergschnauzer, 10 Deutsche Pinscher und 60 Zwergpinscher gezüchtet.

1. Österreichischer Schnauzer-Pinscher-Klub von 1914 (ÖSPK)

Seit 1914 werden Pinscher und Schnauzer in Österreich von einem Spezialklub betreut.

Es gibt beim ÖSPK keine weitere Aufteilung in Landes- und Ortsgruppen, wohl aber wurden zur leichteren Beratung und Betreuung der Mitglieder in Fragen der Zucht und Ausbildung Landesstellen und Sektionen eingerichtet. Bei den Landesstellen handelt es sich um regionale, bei den Sektionen um rassespezifische Untergliederungen. Da es keine Hauptklubschau gibt, wird an jede Internationale Rassehundezuchtschau in Österreich eine Sonderschau angegliedert. So können die Mitglieder auch ohne klubinterne Schauen betreut werden. Die Wurfeintragungen werden im österreichischen Hundezuchtbuch (Sammelzuchtbuch) vorgenommen.

Der Klub hatte 1985 ca. 350 Mitglieder. Gezüchtet wurden 1984 ca. 30 Riesenschnauzer, 60 Mittelschnauzer, 40 Zwergschnauzer, 10 Zwergpinscher. Deutsche Pinscher und Affenpinscher werden gelegentlich gezüchtet.

Die neuesten Klubinformationen kann man der ausgezeichneten kynologischen Zeitschrift des ÖKV „Unsere Hunde“ entnehmen.

Polnischer Pinscher-Schnauzer-Klub

Der Kynologische Verband in Polen wurde im Jahre 1948 gegründet, er übernahm die Tradition des Polnischen Kennelklubs, der schon vor dem Ersten Weltkrieg bestand.

Das Zuchtbuch „PKR“ wird zentral in Warschau für alle Rassen geführt, es bestehen 4 Bände, und zwar für Diensthunde, Jagdhunde, Terrier und Begleithunde. In jeder Abteilung gibt es Sektionen für die Zucht verschiedener Rassen z. B. auch eine für Pinscher und Schnauzer und Dobermänner. Als Zuchtleiter bzw. Sektionsleiter wirken Zuchtrichter und Richteranwärter. Die Arbeit der Sektion wird durch die Spezialklubs unterstützt.

Der Klub informiert die Richter und die Sektionsleiter über die Festlegungen in Bezug auf Zuchtverbesserungen der Rassen. Bei den Schnauzern und Pinschern wird auf die Wesensmerkmale bei der Zuchtauswahl sehr geachtet.

Jedes Jahr organisiert der Klub Spezialausstellungen, auf denen 200 bis 300 Schnauzer und Pinscher gemeldet werden.

Ebenfalls werden Ortsgruppenzuchtschauen und Leistungsprüfungen organisiert.

Bei Mannschaftswettbewerben aller Gebrauchshundrassen haben auch Riesenschnauzer gute Erfolge.

Schwedischer Schnauzer-Pinscher-Klub

Der Schwedische Schnauzer-Klub wurde im Jahre 1947 gegründet und seit 1967 gehören ihm auch die Pinscher an, so daß der Name in Schnauzer-Pinscher-Klub geändert wurde. Zahl der Mitglieder etwa 700.

1955 wurden erste Kontakte mit dem deutschen PSK und seinen Mitgliedern angeknüpft, etwa seit 1960 werden von Mitgliedern des schwedischen Klubs deutsche Ausstellungen besucht, speziell die Bundessiegerzuchtschau zieht viele Interessierte auch aus Schweden an. Deutsche Richter werden regelmäßig zu schwedischen Ausstellungen eingeladen, so waren z. B. 1976 insgesamt zehn deutsche PSK-Richter bei den schwedischen Spezialausstellungen tätig.

Schnauzer und Pinscher waren früher in Schweden keine bemerkenswerte Rasse, durch Verbesserung der Zucht und zum Teil durch Einfuhren haben diese Rassen jetzt aber ihren festen Platz unter den schwedischen Hunderassen.

Die schwedischen Mitglieder können auch nach einer Vereinbarung mit dem PSK nach Erfüllung festgelegter Voraussetzungen für ihre Hunde den Titel „Klubsieger“ bekommen, was natürlich ein großer Anreiz für die Aussteller ist (diese Regelung gilt auch für Finnland und Norwegen). Schweden hat etwa zehn Spezialrichter bzw. Richterinnen.

Außer den Ausstellungen, z. Zt. etwa 12 pro Jahr, gibt es Mitgliedertreffen mit festen Programmen, Diskussionen und Erfahrungsaustausch.

Eine besondere Attraktion ist der Schnauzer-Länderkampf. 1961 wurde er gemeinsam mit Norwegen begonnen, es nehmen immer drei Zwergschnauzer, drei Mittelschnauzer und drei Riesenschnauzer teil (die letzteren konkurrieren in höheren Klassen.) Diese Landeskämpfe, an denen seit 10 Jahren auch Finnland teilnimmt, werden in jedem Jahr durchgeführt, sie bilden auch eine gute Grundlage für die Zusammenarbeit der nordischen Hundefreunde über die Landesgrenzen hinaus.

Die meisten Schnauzer und Pinscher sind in Stockholm und Umgebung sowie in Mittelschweden zu finden. Reguläre Treffen der Mitglieder werden jährlich in Südschweden in Malmö, im Westen in Göteborg und im Norden arrangiert. Riesenschnauzer legen genau wie bei uns Leistungsprüfungen ab.

Auch in Schweden zählt der Riesenschnauzer zu den Gebrauchshundrassen; mit dem Schwedischen Gebrauchshundklub bestehen gute Kontakte. Gelände und Lokale der Gebrauchshundverbände werden gern gemeinsam mit dem Schnauzer Pinscher Klub benutzt. So haben 20 Mittelschnauzer 1980 in Schweden eine Schutzhundprüfung abgelegt.

Schnauzer pfeffersalz haben den größten Anteil an der Zucht, schwarze Schnauzer werden weniger gezüchtet. Früher wurden die Farbschläge gemeinsam gerichtet, seit 1980 wird auch in Schweden nach Farben getrennt gerichtet.

Leider findet man in Schweden nur sehr wenige Zwergpinscher und für Deutsche Pinscher gibt es ebenfalls nur wenige Züchter.

Riesenschnauzer haben ebenfalls einen großen Anteil an der Zucht. Dagegen sind Zwergschnauzer verhältnismäßig selten.

Schweizerischer Club für Schnauzer und Pinscher (SCSP)

Der Schweizerische Club für Schnauzer und Pinscher betreut den glatthaarigen Mittelschlag-Pinscher, die Mittelschnauzer und die Zwergschnauzer. Die Riesenschnauzer werden von einem eigenen Klub betreut und die Zwerg- und Affenpinscher gehören zum Schweizer Zwerghunde-Club.

Von den zur Zeit etwa 420 im Jahr insgesamt eingetragenen Hunden unserer Rassen betreut der 1903 gegründete Club für Schnauzer und Pinscher ca. drei Viertel.

Was im deutschen PSK Josef Berta war, war im schweizerischen Club Wilhelm Tschudi, der in zäher und zielbewußter Arbeit Maßstäbe und Ziele setzte.

Tschudis Vermächtnis hat letztlich dann einer der bekanntesten Kynologen der Schweiz, Dr. h.c. Hans Räber, mehr als erfüllt. Dr. Räber stand dem Club Jahrzehnte vor, ist Vorstandsmitglied der Schweizer Dachorganisation, Stammbuchführer für alle in der Schweiz gezüchteten Hunde und seit mehr als drei Jahrzehnten Redakteur der alle 14 Tage erscheinenden deutschsprachigen kynologischen Zeitschrift „Schweizer Hundesport". Dr. Räber, der die Ehrendoktorwürde für seine Arbeiten auf dem Gebiet der Verhaltensforschung und der Kynologie erhielt und lange Zeit Präsident der Standard-Kommission der FCI war, hat hervorragende kynologische Bücher geschrieben.

Der Vorstand des SCSP besteht wie im PSK aus 7 Mitgliedern. Die ca. 15 Spezialrichter für Pinscher und Schnauzer werden gern in die benachbarten Länder eingeladen. Für die Aktivitäten und den Bekanntheitsgrad des Clubs spricht, daß der Club bei ca. 320 Welpen pro Jahr 900 Mitglieder, darunter auch 40 ausländische hat.

Der Club bietet Trimm- und Erziehungskurse, und eine große Clubschau findet jedes Jahr in einem anderen Kanton des Landes statt. Seit 1979 besteht die Möglichkeit durch Aufteilung in Ortsgruppen auch auf örtlicher Ebene Schnauzer- und Pinscherfreunde zu betreuen.

Die ausgezeichnet herausgebrachten Zuchtbücher der SKG haben mir die Möglichkeiten gegeben, das Zuchtgeschehen in der Schweiz für unsere Rassen seit 1900 zu erfassen.

Die Entwicklung sowohl der einzelnen Rasse, wie auch der Pinscher und Schnauzer in der Schweiz ist hochinteressant.

Bei den Mittelschnauzern haben sich in den letzten 20 Jahren pfeffersalz-farbene und schwarze in etwa die Waage gehalten. In den letzten Jahren ist jedoch hier ein deutliches Anwachsen der schwarzen bei gleichzeitigem Abfall der pfeffersalz-farbenen zu sehen.

Die Schweizer Zwergschnauzer-Züchter haben sich lange Jahre vor offizieller Anerkennung der schwarzsilbernen Zwergschnauzer durch den PSK und die FCI mit Unterstützung des Clubs um die Weiterentwicklung dieser Varität bemüht. Mit den israelischen Züchtern wurde hier Pionierarbeit geleistet.

Die Zwergpinscherzucht hatte 1960 einen Höhepunkt (150 Welpen pro Jahr), fiel bis 1970 auf 20 Welpen pro Jahr ab und stieg dann bis 1979 stetig wieder auf ca. 100 Welpen an.

Affenpinscher wurden kaum gezüchtet; in 80 Jahren wurden nicht viel mehr als 100 Welpen eingetragen.

Etwas mehr tat sich beim Mittelschlagpinscher, obwohl ca. 500 Welpen in 80 Jahren auch nicht gerade viel sind.

Schweizerischer Riesenschnauzer-Club (SRSC)

Der Schweizerische Riesenschnauzer-Club wurde am 15. 9. 1929 in Winterthur gegründet. Mit zur Zeit ca. 120 Welpen je Jahr und ca. 500 Mitgliedern entwickelt der Club beachtenswerte Aktivitäten. Die Zuchtbestimmungen sind seit Jahrzehnten sehr streng; so darf zum Beispiel nur mit Rüden gezüchtet werden, die HD 0, und mit Hündinnen, die HD 0 oder HD 1 nachgewiesen haben. Die Zuchthunde müssen weiterhin eine dreistufige Körung betanden haben. Diese Körung umfaßt Schaunote, Wesensprüfung und Zuchttauglichkeit. Der Höhepunkt der Klubveranstaltungen ist die Schweizer Meisterschaft; etwa gleichzusetzen mit der Bundesleistungssieger-Prüfung des PSK.

Der Club hat zwei Untergliederungen, und zwar Ortsgruppen in Aarau und Zürich.

Spanischer Schnauzer-Klub

Einer der jüngsten Klubs besteht in Spanien; er wurde 1980 gegründet. Mit Riesenschnauzerimporten wurde angefangen, dann kamen Zwergschnauzer und Schnauzer. Bei der ersten Ausstellung 1981 wurden schon insgesamt 50 Schnauzer gemeldet, alle von sehr guter bis vorzüglicher Qualität.

Südafrikanischer Riesenschnauzerklub

Der Südafrikanische Schnauzerklub wurde 1983 gegründet und 1985 in „Südafrikanischer Riesenschnauzerklub" umbenannt. Er hat zur Zeit etwa 100 Mitglieder. Wegen der großen Entfernungen beschränkt sich das Klubleben auf Kontakte mit Erfahrungsaustausch.

Gezüchtet werden hauptsächlich schwarze Riesenschnauzer und Zwergschnauzer pfeffersalz und schwarzsilber.

Der Klub gehört seit 1984 der ISPU an.

Kontaktadressen

Amerikanischer Riesenschnauzerklub
Dr. Klaus Anselm, 9209 South Pine Drive, USA-81023 Beulal-Colorado

Amerikanischer Affenpinscher Klub
Sharon Irons Strempski, Tucktaway Lane, USA-06810 Danbury (Ct)

Belgischer Schnauzer-Pinscher-Club
Robert Wilmsen, Jozef Embrechtstr. 14 B, B 2360 Oud Turnhout

Brasilien
Prof. Diego Ross, Armenia 2188 bo Puey Rhepo, RA-5000 Cordoba

Dänischer Schnauzerklub
Freddy Hansen, Kagerup Park 27, DK-3200 Helsingør

Dänischer Zwergschnauzer-Klub
Nils Jordal, Nokkerosevej 52 A, DK-2400 Kopenhagen

Finnischer Schnauzer-Pinscher-Klub
Elina Lethinen, Ulvilantie 17 K, SF Helsinki

Französischer Schnauzer-Pinscher-Klub
Jeanette Seltz, Holzweg, F 67140 Mittelbergheim/Barr

Schnauzerclub for Great Britain
Mrs. Norris, 168, Algernon Road, GB London SE 137 AW

Northern Schnauzer Club in England
Mrs. Cyntia Bradly, BD 20 ONR, Cringles, Silsden, GB West Yorkshire

Israelischer Schnauzer-Klub
Dr. Rita Tranin, 3–101 Str., IL Ramat Chen

Israelischer Pinscher-Klub
David Efrat, IL Kibuc ejn Hachoresch

Italienischer Schnauzer-Klub
Marisa Brivio Chellini, Via de Gasperi 8, I Carnate/Mi

Jugoslawischer Pinscher-Schnauzer-Klub
Dr. Darko Popovic, Gajnice 48, YU-41090 Zagreb Susegrad

Niederländischer Zwerg- und Affenpinscherklub
Cornelius Hartgers, Kempering 935, NL KE Amsterdam

Niederländischer Schnauzer-Club
Jan W. Beeftink, Zaalboslan 35, NL Velp/Gld
A. J. Hell, St. Joseph-Str. 8, NL Didam

Niederländischer Mittelpinscher-Klub
M. H. van Ginneken, St. Romboudstraat 27, NL-5643 MT Eindhoven

Norwegischer Schnauzer- und Pinscher-Klub
Anne-Ma Stavseth, Jomfrubratvejn 64, N Oslo 11

1. Österreichischer Schnauzer- und Pinscher-Klub
Hans Hackl, Feldgasse 6, A 2603 Felixdorf

Polnischer Pinscher-Schnauzer-Klub
Halina Sergot, nl. Spokojina 9/1 m 63, PL-85838 Bydgoszcz

Schwedischer Schnauzer-Pinscher-Klub
Gerd Hyden, Vinterbrinksvägen 17 nb, S-1330 Saltsjöbaden

Schweizerischer Club für Schnauzer und Pinscher
Walter Ulmer, CH-3652 Hilterfingen
Dr. hc. Hans Räber, CH-3422 Kirchberg (BE)

Schweizerischer Riesenschnauzer-Club
Erwin Bandi, Seestr. 56, CH-3700 Spiez

Spanischer Schnauzer-Klub
Javier Sanchez, Bolivia 11 6 B, E Madrid 16

Südafrikanischer Riesenschnauzer-klub
Johan Gallant-Ryckebusch, P.O. Box 1226, 2A-4240 Port Shepstone

Literatur

Berta, J.: Pinscherblätter. Pinscherklub, Köln 1907.

Harms, E.: Der deutsche Riesenschnauzer. Pinscher Schnauzer Klub, Wehrheim 1935.

Höhn, A.: Schnauzer und Pinscher. Kosmos Hundebibliothek. Franckh'sche Verlagshandlung, Stuttgart 1982.

Höller, M.: Pinscher und Schnauzer. Verlagsgesellschaft Rudolf Müller, Köln 1981.

Jung, W.: Schnauzer und Pinscher. Verlag Paul Parey, Hamburg 1977.

Meyer, H.: Ernährung des Hundes. Verlag Eugen Ulmer, Stuttgart 1983.

Räber, H.: Brevier neuzeitlicher Hundezucht. Paul Haupt, Bern–Stuttgart 1968.

Schleger, W. und Stur, J.: Züchtung des Hundes in Theorie und Praxis. Verlag Jugend und Volk, Wien–München 1986.

Strebel, R.: Die deutschen Hunde und ihre Leistung. Kynologischer Verlag Kern und Birner, Frankfurt/Main 1904.

Umlauff, G.: Pinscher und Schnauzer. Lehrmeister Bücherei. Albrecht Philler Verlag, Minden o.J.

Bildquellen

Farbbilder: Seite 18 unten und Seite 72 oben von Heinz Höller,
alle übrigen Farbbilder von Hans Reinhard.

Schwarzweißbilder und Zeichnungen: Seite 15, 51 unten,
61 und 76 Helmuth Flubacher; Seite 68 oben Friedhelm Weick;
alle übrigen Vorlagen aus dem Archiv des Pinscher Schnauzer Klubs.

Register